TRABA LHA BILI DADE

A obrigatoriedade da
ADAPTAÇÃO
Livro 1

TRABALHABILIDADE
A obrigatoriedade da ADAPTAÇÃO

DVS Editora Ltda 2022 – Todos os direitos para a língua portuguesa reservados pela Editora.

Nenhuma parte deste livro poderá ser reproduzida, armazenada em sistema de recuperação, ou transmitida por qualquer meio, seja na forma eletrônica, mecânica, fotocopiada, gravada ou qualquer outra, sem a autorização por escrito dos autores e da Editora.

Design de capa, projeto gráfico e diagramação: Bruno Ortega

```
            Dados Internacionais de Catalogação na Publicação (CIP)
                    (Câmara Brasileira do Livro, SP, Brasil)

    Mirshawka, Victor
        Trabalhabilidade : a obrigatoriedade da
    adaptação : livro 1 / Victor Mirshawka. -- São Paulo,
    SP : DVS Editora, 2022.

        ISBN 978-65-5695-061-7

        1. Carreira profissional - Desenvolvimento
    2. Desenvolvimento pessoal 3. Desenvolvimento
    profissional 4. Empreendedorismo 5. Mudança -
    Planejamento 6. Tecnologia - Aspectos sociais
    I. Título.

    22-112788                                        CDD-306.3
                    Índices para catálogo sistemático:

        1. Trabalho : Aspectos sociais    306.3

        Eliete Marques da Silva - Bibliotecária - CRB-8/9380
```

Nota: Muito cuidado e técnica foram empregados na edição deste livro. No entanto, não estamos livres de pequenos erros de digitação, problemas na impressão ou de uma dúvida conceitual. Para qualquer uma dessas hipóteses solicitamos a comunicação ao nosso serviço de atendimento através do e-mail: atendimento@dvseditora.com.br. Só assim poderemos ajudar a esclarecer suas dúvidas.

TRABA LHA BILI DADE

A obrigatoriedade da ADAPTAÇÃO
Livro 1

Victor Mirshawka

www.dvseditora.com.br
São Paulo, 2022

ÍNDICE

INTRODUÇÃO **6**

CAPÍTULO 1
As condições vigentes no início do século XXI **16**

CAPÍTULO 2
A importância da empregabilidade e da trabalhabilidade
num mundo bastante imprevisível **42**

CAPÍTULO 3
Mundo VICA **50**

CAPÍTULO 4
Entendendo a 4ª Revolução Industrial **68**

CAPÍTULO 5
Mundo FANI **102**

CAPÍTULO 6
Os novíssimos normais **114**

CAPÍTULO 7
A destruição criativa do trabalho **128**

CAPÍTULO 8
Profissional do futuro — Ocupações promissoras **136**

RESPOSTAS E SOLUÇÕES PARA OS BRILHE **155**

INTRODUÇÃO

A minha intenção ao escrever esses três livros foi a de analisar ao máximo o conceito de trabalhabilidade, isto é, a capacidade de uma pessoa gerar renda para si a partir de seus talentos e por toda a vida.

Trabalhabilidade é quando uma pessoa se preocupa com o trabalho que ela pode desenvolver e o veja como algo além do emprego.

A trabalhabilidade está num patamar superior ao da empregabilidade a qual está mais atrelada à capacidade de ter uma boa colocação durante a sua carreira profissional.

Ou seja, ao se preocupar com a empregabilidade – que continua sendo muito importante – abordam-se especialmente os conhecimentos técnicos e comportamentais exigidos pelo mercado de trabalho para que uma pessoa consiga se manter em um emprego formal e desenvolva a sua carreira a partir dessa perspectiva.

Não é segredo para ninguém, que a forma de trabalhar hoje em dia não é a mesma de há 10 anos, e praticamente nem se compara com o que era feito 20 anos atrás, pois muita tecnologia foi incorporada e aconteceram significativas transformações digitais em todas as áreas.

Justamente para que as pessoas aprendam a desenvolver a sua trabalhabilidade que decidi escrever esses três livros.

> 1) **Trabalhabilidade: A Obrigatoriedade da Adaptação.**
> 2) **Trabalhabilidade: A Necessidade da Agilidade.**
> 3) **Trabalhabilidade: A Essencialidade do Aperfeiçoamento.**

De forma resumida, pode-se afirmar que para alcançar um elevado patamar de trabalhabilidade é vital saber **adaptar-se** (o que implica em ter conhecimento), **agilizar-se** (o que impõe em ser mais flexível e não ter medo de fazer algo de maneira diferente) e **aperfeiçoar-se** (o que obriga a investir continuamente na melhoria da sua educação).

São esses três verbos que começam com A – os **3As** – que serão enfatizados e detalhados para que façam parte das ações e das atitudes das pessoas no seu dia a dia.

No livro 1 – *Trabalhabilidade: A Obrigatoriedade da Adaptação* –, que consta de oito capítulos começa-se discutindo as condições que passaram a preponderar no século XXI, as megatendências que prevaleceram e influenciaram a sociedade, especialmente no que se refere ao trabalho.

Desde o início do século XXI aconteceram alterações significativas caracterizadas pelos **6Cs** – **contratação temporária, conectividade, colaboração, compartilhamento, construção individual** (cultura *maker*), **criatividade** (com um impulso significativo da economia criativa).

Sem dúvida, aí tornou-se também indispensável discutir como se incrementa a **empregabilidade** e se desenvolve a **trabalhabilidade** de uma pessoa, quando o foco dela não está mais apenas na conquista de um emprego, mas na própria capacidade de gerar trabalho e renda.

Entre as grandes atribulações que as pessoas precisaram enfrentar e se adaptar estão o cenário criado pelo **mundo VICA** (com muita volatilidade, incerteza, complexidade e ambiguidade), acomodar-se o mais rápido possível as exigências e as alterações que foram sendo introduzidas pela **4ª Revolução Industrial** (particularmente a automação, a Internet das Coisas e a inteligência artificial), sobreviver as turbulências do **mundo FANI** (frágil, ansioso, não linear e incompreensível) e acostumar-se com os **novíssimos normais** (decorrentes do isolamento provocado pela pandemia do novo coronavírus entre os quais a telemedicina, educação remota, entretenimento virtual, compras pela Internet etc.)

As **transformações digitais** – que podem ser definidas como sendo um fenômeno no qual se incorporou o uso da tecnologia digital para promover soluções de problemas tradicionais – modificaram os paradigmas de utilização da tecnologia em muitas áreas como na comunicação global, educação, medicina, artes e especialmente no mercado de trabalho no qual muitos postos de trabalho desapareceram e continuam sendo eliminados!?!?

E isso suscitou a necessidade de se envolver com o **futurismo** para "tentar acertar" sobre qual ocupação ou profissão uma pessoa deveria ter, se preparar ou pelo menos se adaptar adequadamente, para o que exige o mercado de trabalho.

Claro que entre as principais competências do profissional do futuro estão os 3As – **adaptabilidade**, **agilidade** e **aperfeiçoamento** – que devem ser incrementadas continuamente!!!

Se a adaptação é um processo pelo qual os seres humanos (e outros seres vivos) desenvolvem características que os ajudam a sobreviver no seu meio, nesse livro, sem dúvida o principal objetivo é ensinar como **adaptar-se** para ter um trabalho que lhe garanta uma renda, suficiente para pelo menos viver!!!

No livro 2 – *Trabalhabilidade: A Necessidade da Agilidade* **–**, procurou-se destacar que a trabalhabilidade é tida por muitos especialistas como o futuro da vida profissional.

Isto porque ela abrange características que se tornaram indispensáveis para qualquer trabalho, ou seja, a agilidade e a flexibilidade na maneira como se estabelecem as relações de trabalho - como é o caso da colaboração voluntária, a criação de *startups* (empresas iniciantes com caráter escalável, disruptivo e repetível).

É claro que se tornou necessário descrever como se pode tornar **empreendedor**, bem como salientar as vantagens de se empreender assim como ressaltar as dificuldades que se deve superar ou enfrentar no empreendedorismo.

No mundo hoje existem muitos exemplos nos quais se pode inspirar para se desenvolver no empreendedorismo, especificamente comparecendo a eventos espetaculares organizados em diversas partes do planeta, inclusive em cidades do Brasil, para conhecer ideias incríveis para novos negócios.

É o conceito de trabalhabilidade que estimula que cada pessoa desenvolva o seu potencial voltando-se para competências específicas como **pensamento criativo**, **criatividade**, **solução de problemas**, **inovação** etc.

Dedicou-se a esses temas uma boa parte do livro 2, isto é, para conceituar como o pensamento (tanto o indutivo como o dedutivo) se desenvolve no cérebro das pessoas, possibilitando-lhes a criação de **modelos mentais** com os quais elas procuram simplificar a realidade que encontram a sua frente.

É o modelo mental que nos possibilita ter uma abstração do presente e estabelecer uma base para construir o futuro!!!

Entre os exemplos de modelos mentais estão os **conceitos**, os **estereótipos**, as **ideias**, os **paradigmas**, os **paradoxos** etc.

Um conceito é um modelo mental formado por meio da integração mental de diversos elementos.

Um estereótipo é um conceito ou imagem preconcebida, padronizada ou generalizada estabelecida pelo senso comum, sem um conhecimento profundo, sobre algo ou alguém.

Ideia é o primeiro e mais óbvio dos atos de percepção, podendo ser uma imagem ou representação mental de um objeto.

Por sua vez paradigma é fazer algo diferente do que vinha sendo feito, como por exemplo a substituição do trabalho feito por um ser humano colocando aí um robô, o que ameaça seriamente a sobrevivência das pessoas.

O norte-americano Joel Arthur Barker, pesquisador independente e futurista, que popularizou o conceito de mudança de paradigmas, tornando-se inclusive conhecido como o **"homem do paradigma"** disse:

"As pessoas (e, também, as empresas) não se adaptam facilmente às mudanças de paradigmas, pois se sentem presas à segurança e estabilidade dos paradigmas atuais e temem ou relutam muito em alterar seus comportamentos através da aquisição de outros padrões que rompem os vigentes."

Claro que as pessoas que não se agilizam e rompem com os paradigmas antigos, assumem no mínimo uma atitude paradoxal, como se não houvesse um adequado modelo mental para se ajustar, por exemplo, à época em que vivemos sob o impacto de transformações digitais devastadoras que todos, de alguma forma devem introduzir!!!

Naturalmente o que se espera por exemplo de um empreendedor para que ele tenha sucesso é que seja criativo e inventivo, o que significa que deve ter conhecimentos razoavelmente bons sobre a criatividade e a inovação (que é a invenção que se transformou em um sucesso).

A criatividade é a aptidão que a pessoa tem para mudar a sua percepção da realidade, criando novos modelos mentais.

Para se tornar criativo é necessário ser criterioso, saber usar bem o julgamento, especialmente ao se deparar com os pensamentos convergente e divergente, lidar bem com as dúvidas (especialmente saber quando abandonar uma modelo mental), não se assustar com as restrições, pois só assim vai se poder chegar à inovação (quando se consegue mudar alguma realidade...).

São os criativos que convivem frequentemente com os **momentos caramba** – quando de repente percebem que alguns dos seus modelos mentais estão "fora de moda", isto é, obsoletos, e por isso precisam ser abandonados -, e os **momentos eureka!**, quando inopinadamente descobrem uma nova maneira de ir para frente, de progredir com algo inovador.

É possível ter inovação sem criatividade (!?!?) basta por exemplo copiar ou "**imovar**" (imitar uma inovação) uma ideia, e desenvolvê-la e colocar no mercado um produto ou serviço mais **agilmente** que o inovador pioneiro.

Não é nada ruim fazer isso, aliás inspirando-se nas boas ideias dos outros podemos ter muito sucesso também!!!

Naturalmente continua valendo, porém, que o primeiro a chegar a uma inovação tem uma probabilidade bem grande de ser bem-sucedido nos negócios atrelados a ela.

Exemplos incríveis na prática de criatividade são as *startups* que surgiram sempre com a condição de se aproveitarem de ideias disruptivas, que lhes permitiram um **crescimento exponencial**!!!

A comprovação disso é que até o final de 2021, tínhamos 26 *startups* brasileiras, que chegaram de maneira relativamente rápida à categoria de **unicórnio** (com valor de mercado superior a US$ 1 bilhão), e que de fato atenderam a demanda que existia no mercado de forma atraente e inédita.

Aliás, uma grande vitrine da trabalhabilidade são todas as *startups* – naturalmente as que são unicórnios constituem exemplos espetaculares -de como as pessoas podem criar trabalho para si (e, também para muitas pessoas que empregam...).

As histórias dos empreendedores que chegaram ao sucesso são, porém, repletas de "**tropeções**" quando eles cometeram falhas, inclusive chegaram a grandes fracassos.

De saída é bom lembrar que o único lugar que o sucesso vem antes do trabalho é no dicionário.

O segredo para se chegar ao sucesso é manter a **constância de propósito**, ou seja, que se pode chegar a ele, passando inclusive de fracasso em fracasso, sem, entretanto, perder o entusiasmo para chegar ao objetivo almejado, aprendendo com eles lições inesquecíveis, isto é, que não se repetirão jamais daí para frente!!!

Há quem diga, exagerando bastante, que o sucesso é construído de **99% de fracassos**.

No penúltimo capítulo do livro – o sétimo – comenta-se que depois de muito trabalho, de árdua dedicação, de sobreviver a despontamentos, quando chegam ao sucesso, alguns empreendedores se enebriam com o mesmo a ponto de ficarem descuidados, deixando de ser ágeis nas necessárias e contínuas adaptações que o mercado exige de suas empresas e assim acabam definhando, declinando e até indo para a falência!!!

Pois bem, você caro(a) leitor(a) deve ficar bem atento(a) para esses alertas para que isso não lhe aconteça, **viu?**

No livro 3 – *Trabalhabilidade: A Essencialidade do Aperfeiçoamento* – inicialmente discute-se a importância do **aperfeiçoamento** (ou aprimoramento) para que uma pessoa possa desenvolver as necessárias competências que não poderão ser dos robôs para substituir os seres humanos, pelo menos nos próximos anos...

Claro que isso tem tudo a ver com as principais fases do ciclo de vida de uma pessoa que são: **nascer, educar, trabalhar, amar, viajar, legar**!!!

É durante a fase nascer que se pode identificar se uma pessoa tem os dons inatos que devem ser aprimorados, bem como talentos que podem (e devem...) ser desenvolvidos através do aprendizado.

Naturalmente é vital saber educar-se e mais especificamente estudar sempre, o que deverá ser feito ao longo de toda a vida da pessoa.

Em outras palavras toda pessoa deve aceitar que agora o aprendizado é para sempre (*lifelong learning*), devendo ser bem orientado para que isto possibilite alcançar a trabalhabilidade (empregabilidade) para as muitas décadas da sua vida, quando ela vai amar, viajar e deixar um legado!!!

Ninguém mais pode considerar que está definitivamente formado em algo!!!

Hoje vivemos numa dúvida se devemos ter uma **especialidade** ou sermos **generalistas**, por isso procurou-se no texto dar algumas orientações de como se deve fazer as escolhas...

O que é preferível dedicar-se mais as *soft skills* ("aptidões socioemocionais") os as *hard skills* ("habilidades técnicas")?

Entre as *soft skills* temos: inteligência emocional, espírito de equipe, empatia, resiliência, pensamento criativo etc.

Já algumas *hard skills* importantes, isto é, competências técnicas são: raciocínio analítico, inteligência artificial, conhecimento de línguas, gestão de projetos, computação em nuvem, manuseio de ferramentas etc.

Claro que as *hard skills* são quantificáveis e bem concretas, enquanto as *soft skills* são mais subjetivas e difíceis de mensurar.

Mas ambas são fundamentais para os profissionais em diversas áreas de atuação!!!

Obviamente quem for uma pessoa talentosa e souber ir se aprimorando corretamente ao longo da vida acabara acumulando ao menos um dos seguintes tipos de capital social: o **intelectual**, o **econômico**, o **social** e o **erótico**, o que naturalmente deixará essa pessoa orgulhosa, entusiasmada e feliz.

Para se tornar um profissional que tenha uma grande trabalhabilidade é importante que ele construa uma **marca pessoal** admirada.

A marca pessoal (*personal branding*) é a percepção que alguém tem sobre você, resultado de como o seu "eu" está representado na mente de outras pessoas.

Toda pessoa que consegue estabelecer uma marca pessoal atraente graças ao seu talento e o seu capital intelectual, acaba facilmente criando um grande capital social valendo-se das redes sociais (e posteriormente isso lhe traz também um capital econômico), com o que ela adquire uma profissão nova, passando a ser chamado(a) de **influenciador(a)**.

Quem continuamente for se aperfeiçoando, agilizando e adaptando, no fundo está seguindo um roteiro que permitirá no mínimo desenvolver bem a sua carreira, aliás como se fosse um *Supereight*, isto é, um reputado profissional ou mentor (*coach*) que usa o método sequencial e repetitivo dos **8Is**, ou seja: **iniciativa**, **informação**, **ideias**, **inovação**, **insistência**, **integração**, **implementação** e **introspecção**, girando sem parar essa "**roda da melhoria**".

Aliás a técnica dos 8Is não é nada mais do que uma expansão do modelo PDCA [*plan* (planeje), *do* (faça) *check* (verifique) e *act* (aja)] que foi popularizado pelo guru norte-americano William Edwards Deming (1900-1993) para se desenvolver melhorias na produtividade e qualidade das empresas.

Finaliza-se o livro, destacando que a chave para a manutenção do sucesso tanto pessoal como profissional é privilegiar sempre os comportamentos ou atitudes caracterizadas pelas palavras que constituem o acrônimo

PREVALECER, ou seja: **paixão**, **realismo**, **ética**, **visão**, **atitudinal**, **liderança**, **entusiasmo**, **coragem**, **empatia** e **racional**.

Espero que depois de ler com atenção esses três livros, você prezado (a) leitor (a) considere-se com justiça e mérito um integrante da Associação dos Antenados Admirados (AAA).

Note que isso só é possível pois você é um 3A – privilegia a **adaptação**, a **agilidade** e o **aperfeiçoamento**.

Em muitos casos dizer que algo é 3A significa que se alcançou um patamar invejável, ou seja, o "título" 3A indica que se está entre os melhores, os de maior competência.

Isto é o que acontece com o conceito de *triple A* no mercado imobiliário quando se quer referir ao que há de melhor na categoria de empreendimentos, quanto ao nível máximo de qualidade, padrão de construção e tecnologia existente nos sistemas prediais.

Na indústria de *videogames* a classificação 3A é utilizada para os jogos com os maiores orçamentos e níveis de promoção.

De qualquer forma para mim quem for 3A é uma pessoa que busca constantemente se adaptar, agilizar e aperfeiçoar. Esse ser humano merece também ser encarado como sendo alguém **atento**, **atraente** e **agradável**, não ficando abalado pela **aflição** do que fez de errado no passado, pela **angústia**, que é um sofrimento ligado ao presente e nem pela **agonia** (ou ansiedade) provocada pelo temor em relação ao futuro!!!

É oportuno aqui repetir uma parte do lindíssimo poema *O Tempo*, de Carlos Drummond de Andrade (1902 - 1987): "Quem teve a ideia de cortar o tempo em fatias, a que se deu o nome de ano, foi um indivíduo genial.

Industrializou a esperança, fazendo-a funcionar no limite da exaustão.

Doze meses dão para qualquer ser humano se cansar e entregar os pontos.

Aí entra o milagre da renovação e tudo começa outra vez, com outro número e outra vontade de acreditar que daqui para adiante vai ser diferente."

Assim, após a leitura desses três livros, que eu levei um ano para escrever e publicar e acredito que você estimado (a) leitor (a) conseguiu ler em não mais que três semanas, espero que as ideias e conhecimentos que assimilou o (a) tornem um (a) profissional **super 3A!!!**

Inspire-se nas diversas sugestões destacadas nos livros para orientar de forma exitosa sua carreira profissional e sua vida pessoal, voltada sempre para um **propósito** que lhe permita deixar um grande **legado** para os que conviveram contigo e os que virão depois.

Essa é a nova etapa de vida que lhe desejo, viu!

Victor Mirshawka

CAPÍTULO 1

AS CONDIÇÕES VIGENTES NO INÍCIO DO SÉCULO XXI

Já há muito tempo as pessoas se queixam das turbulências sem precedentes que vêm sendo causadas de forma contínua pelas **mudanças**. E nessas últimas décadas as alterações têm sido tão significativas que vêm provocando muita desordem nas sociedades globais: desestabilizações não apenas nas condições econômicas (cada vez mais voláteis...), mas também nos âmbitos políticos e sociais; uma acirrada competição internacional provocada pelos deslocamento dos mercados; e principalmente o surgimento de uma **sociedade digital**, cujo comportamento foi alterado pelo forte impacto de incríveis inovações tecnológicas!!!

Todavia, um dos grandes problemas que enfrentam os indivíduos de modo geral, e mais especificamente os gestores de empresas, é o fato de eles não terem percebido o momento certo de promoverem as mudanças necessárias – e/ou de se adaptarem adequadamente àquelas já ocorridas – para serem capazes de seguir em frente dentro de um certo equilíbrio e conforto.

Dentro dessa perspectiva, aqui vão três questões provocadoras:

1. Como fazer para se adequar às mudanças e se adaptar às novas necessidades?
2. Você já pensou na quantidade de mudanças que já aconteceram em sua vida?
3. Você já observou os diversos desafios que superou, bem como as situações e circunstâncias pelas quais passou, sem jamais desistir?

Para facilitar sua reflexão, de modo que possa responder essas perguntas, que tal apoiar-se nas citações de algumas mentes famosas – e sábias:

"O mundo detesta mudanças. No entanto, essa é a única coisa que traz progresso." – **Charles Franklin Kettering** (1876-1958), inventor e filósofo social norte-americano.

"A mudança é a lei da vida. Aqueles que apenas olham para o passado ou o presente, com certeza perderão o futuro." – **John Fitzgerald Kennedy** (1917-1963), 35º presidente dos EUA.

"Eu sei que mudanças podem ser assustadoras. Mas isso faz parte do nosso crescimento. É assim que descobrimos como – e o que – seremos no futuro." – **Miley Ray Cyrus**, jovem cantora norte-americana.

"Senhor, dai-me a serenidade para aceitar o que não pode ser mudado; a coragem para mudar o que pode ser mudado, e a sabedoria para distinguir entre uma coisa e outra." – Atribuída originalmente a **Giovanni di Pietro Bernardoni** (1182-1226, mais conhecido como são Francisco de Assis, o protetor dos animais), mas que posteriormente descobriu-se ter sido proferida pelo teólogo protestante Reinhold Niebuhr (1892-1971).

De qualquer maneira, a partir de todas essas importantes declarações, uma conclusão é óbvia: não bastam palavras para se chegar a **mudanças significativas**, mas a prática de ações bem planejadas em nosso **cérebro**, e que levem a **resultados concretos**!!!

Aliás, é somente quando se muda a própria mente é que se pode caminhar para frente... Com frequência a mudança de postura nos torna mais seguros. Em geral, não há mal que não se consiga mudar com uma mudança de atitude. Sem dúvida é na mudança do presente que os seres humanos são capazes de moldar melhor o seu próprio futuro!!

▶ **Mas então por que as pessoas e as empresas resistem tanto a mudanças?**

São diversos os motivos para isso, dentre os quais podemos citar: o **medo** (as pessoas de modo geral temem o desconhecido); a **falta de conhecimento** (a maioria dos indivíduos não sabe exatamente como mudar); a **miopia** (a maioria não consegue enxergar as alterações que estão por vir); a **homeostase** [termo criado pelo fisiologista norte-americano Walter Cannon (1871-1945), que se refere ao processo de regulação pelo qual um organismo mantém constante o seu equilíbrio].

E por falar em mudança, existem em nosso País muitos comportamentos relativamente simples – e bastante **condenáveis** – que já deveriam ter sido eliminados há muito tempo, mas que infelizmente grande parte dos brasileiros ainda os adota, como:

1. Furar fila.
2. Fazer corpo mole.
3. Deixar tudo para a última hora.
4. Chegar atrasado.
5. Não respeitar as leis de trânsito.
6. Atirar lixo nas ruas.
7. Depender do paternalismo do Estado (esperar que os governantes resolvam tudo).
8. Mentir.
9. Tentar levar vantagem em tudo, demonstrando falta de ética e moralidade – algo que ficou conhecido como "**lei do Gerson**" (famoso jogador de futebol da seleção brasileira campeã mundial de 1970, que protagonizou um comercial de TV para uma marca de cigarro, dizendo: "**Gosto de levar vantagens em tudo, certo?**").
10. Tentar resolver tudo com o famoso "**jeitinho brasileiro**". O problema é que esse **jeitinho** pode envolver algo **bom** e **positivo,** como também **ruim** e bastante **negativo**.

E no que se refere a esse último tópico, em seu livro *Dando um Jeito no Jeitinho*, Lourenço Stelio Rega explicou a grande abrangência desse conceito de "jeitinho", que inclui desde atitudes que retratam a flexibilidade e a criatividade do povo brasileiro para resolver situações problemáticas do dia a dia, quanto as que sustentam a filosofia de "**levar vantagem em tudo**", recorrendo inclusive à prática de corrupção ou simplesmente tentando contornar as leis e resolver algo de **forma ilegal**.

OBSERVAÇÃO IMPORTANTE (OI)

O gênero das palavras (o/a) diz respeito à classificação masculina e feminina.

Como na forma tradicional da língua portuguesa, o masculino predomina em diversas circunstâncias, assim, quando existem substantivos de gêneros distintos a norma prevê que o adjetivo fique no masculino, como na frase: " Ana, Maria e Alberto são estudiosos!!!"

Daqui em diante, sem procurar entrar em polêmicas - acredito na igualdade dos gêneros em todos os setores do trabalho - se utilizará o gênero masculino para muitas denominações, com algumas exceções especialmente quando se estiver referindo ao leitor (a) desse livro!!!

> **Caro(a) leitor(a), com quantos desses "pecados" você nunca precisou se preocupar, uma vez que não os tinha? E quantos deles você possuía, mas já eliminou?**

Veja a seguir alguns preceitos que devemos praticar para vivermos melhor em sociedade!!!

1. Se não lhe pertence, peça licença para usar!!!
2. Se pediu emprestado, cuide bem e lembre-se de devolver!!!
3. Se desconhece o funcionamento, não mexa!!!
4. Se for oferecido gratuitamente, aproveite e não desperdice!!!
5. Se não lhe diz respeito, não se intrometa!!!
6. Se não souber fazer melhor, não critique!!!
7. Se não puder ajudar, não atrapalhe!!!
8. Se prometeu, cumpra!!!
9. Se ofender alguém, desculpe-se!!!
10. Se falou algo contundente, então assuma o que disse!!!
11. Se não for questionado, não dê palpite!!!
12. Se abriu, feche!!!
13. Se ligou, desligue!!!
14. Se desarrumou, arrume!!!
15. Se sujou, limpe!!!
16. Se quebrou, conserte!!! Se não souber consertar, chame quem saiba!!!

Um momento de reflexão: você acredita que todos esses comportamentos sejam corretos? Quais deles você pratica? Quais deles ainda não incorporou? Para auxiliá-lo em sua evolução e ajudá-lo a se tornar uma referência em atitudes positivas, pense a respeito dos seus hábitos e veja se há algo em seu comportamento que precisa de mudanças urgentes.

 **BRILHE**

Ao longo desse livro, em intervalos cuidadosamente planejados, proporemos alguns "**desafios**" que obrigarão você, leitor(a), a se valer de todo o seu talento e racionalidade para chegar às respostas e/ou soluções. Esses "momentos" serão designados pelo acrônimo **BRILHE**, formado pelas iniciais das palavras em negrito. Assim, sugerimos que em cada uma dessas oportunidades você:

- **Busque** por soluções.
- Utilize sua **racionalidade** para obter respostas.
- Recorra à sua **imaginação** para visualizar ou enxergar o que está escondido.
- **Libere** toda sua genialidade e permita-se ter ideias brilhantes.
- Alegre-se e encontre **humor** e comicidade no que é engraçado ou extravagante. Ria muito!
- **Espante-se** com fatos curiosos!!!

Vale ressaltar que o BRILHE é uma pausa divertida para que o(a) leitor(a) pratique a "**neuróbica**" (a aeróbica cerebral) e desenvolva ainda mais sua capacidade de raciocínio, sendo que em alguns casos os exercícios serão verdadeiros "**racha-cuca**". Faça um esforço e tente resolvê-los. Para sua comodidade, as respostas serão apresentadas no final do livro. Mas só recorra a elas quando esgotar todos os seus esforços.

BRILHE 1

De que forma você reagiria diante das seguintes afirmações? Que argumentos utilizaria para acatá-las ou rebatê-las?

1. A adaptabilidade precisa ser intensa, ou seja, radical!
2. A adaptabilidade é perigosa e desumana!
3. A adaptabilidade se destina ao crescimento!
4. A adaptabilidade não representa nada de novo, uma vez que há anos nos adaptamos a diferentes situações!
5. A adaptabilidade é apenas o que indica o bom senso.

Mas retornando ao principal objetivo desse livro, a **grande mudança** do indivíduo está em saber se **adaptar** às alterações que vêm ocorrendo no século XXI, em todos os setores, em especial no **mercado de trabalho**!!!

Um livro incrível que permite compreender melhor os **novos normais** sob os quais as pessoas passaram a viver desde o início do século XXI é *A Revolução Digital: Os 12 Segredos para Prosperar na Era Digital* (DVS Editora). Nesta obra de Christopher Surdak, especialista na análise de grandes quantidades de dados (*big data*) e tecnologia da informação (TI), ele detalhou de que maneira muitos negócios estão sendo desestabilizados pelo surgimento de *startups* (empresas baseadas em uma ideia diferente, escalável e abertas em condições de extrema incerteza – ver o livro 2 dessa série, *Trabalhabilidade: A Necessidade da Agilidade*), assim como as mudanças em andamento no comportamento das pessoas (clientes) nesse novo cenário.

Surdak utiliza o termo ***jerk*** para caracterizar uma **mudança extrema**, muito rápida, violenta, sem controle e difícil de conter, e justificar como as *startups* (empresas iniciantes) têm usado dados e informações para abalar profundamente empresas e setores econômicos existentes e estáveis. Veja que a palavra inglesa *jerk* possui diferentes significados, como:

a. Arremesso, empurrão, arranque, impulsão, explosão, paixão etc.
b. Na Física, trata-se da taxa de variação da aceleração (na teoria do movimento), que explica a sensação provocada pela brusca arrancada de um automóvel ou um elevador.

c. Uma pessoa estúpida ou idiota, tanto pela falta de inteligência como de habilidades específicas. Também utilizada para caracterizar indivíduos desrespeitosos.

De acordo com Surdak, para que doravante as pessoas possam evoluir e as empresas consigam sobreviver, elas devem agir de forma **ágil**, **corajosa** e **inovadora**. Isto significa que elas precisam ser movidas pelo pensamento *jerk*, única e exclusivamente nos seus sentidos **a)** e **b)**, evitando a todo custo atitudes que as caracterizem com o significado **c)** dessa mesma palavra, em especial por não perceberem as **mudanças já ocorridas** e as que estão **acontecendo**.

No século XXI vivemos num ambiente que já não é dominado preponderantemente pelo **dinheiro** (capital), mas pela **informação**!?!? Estamos migrando do **capitalismo** para o **informacionismo**. Constata-se claramente que "**seis forças**" impulsionam agora os comportamentos, as expectativas e as escolhas das pessoas – particularmente na condição de **clientes**.

As **seis forças** – tendências ou novos normais – apontadas por Surdak são:

1ª) A QUALIDADE NÃO É MAIS UM DIFERENCIAL!

Quem **não entrega** produtos ou oferece serviços com a qualidade esperada – encarada como uma obrigação – acaba **perdendo seus clientes**.

2ª) UBIQUIDADE OU ONIPRESENÇA

É preciso estar ou existir **concomitantemente** em **todos os lugares**, o que se considerava como uma faculdade divina... Pois é, agora o cliente diz: "Eu quero o que eu quero, e onde eu quero. E é melhor você entregar, ou alguém o fará no seu lugar!!!"

E por mais irracional que isso possa parecer, já está acontecendo em muitos casos, graças à existência de uma eficaz rede integrada global de logística. Uma forma relativamente simples de se entender a ubiquidade é a Internet, cada vez mais eficiente e abrangente, por meio da qual as comunicações se espalham pelo planeta de forma instantânea!?!?

3ª) IMEDIATISMO

Essa tendência está obviamente ligada ao item anterior – ubiquidade. Nesse caso as pessoas não se satisfazem em apenas obter o que elas querem. Eles querem imediatamente, **já**!!! O fato é que cada vez mais nós utilizamos aplicativos (*apps*), ou seja, vivemos num estado de ***appification*** ("**appificação**"), com os *smartphones* nos permitindo encontrar, baixar e obter respostas para qualquer pergunta ou necessidade quase instantaneamente.

4ª) DESENGAJAMENTO

Hoje os clientes vivem num ambiente que os deixou "**mimados**", pois dispõem de qualidade, ubiquidade e imediatismo (o que aliás custa muito caro para as empresas fornecedoras de serviços e produtos...). Por conta disso, eles passam a se comportar de maneira bastante "**desleal**" – ou infiel –, desengajando-se facilmente das marcas quando não obtêm delas o que desejam. Eles não se importam com as dificuldades ou a complexidade envolvidas num bom atendimento.

Esse **desengajamento** está se tornando preocupante em muitos setores devido à crescente maré de *startups jerks*. Elas são menores, mais ágeis e suas despesas fixas são relativamente pequenas em comparação com as empresas tradicionais, que, por sua vez, estão sofrendo muito com essa competição agressiva.

5ª) INTIMIDADE

Gostemos disso ou não, somos essencialmente **criaturas sociais**. Desejamos fazer parte de uma família, de um clã, de uma equipe, tribo etc. Queremos ser ouvidos, compreendidos e aceitos!!!

O que isso significa? Que as pessoas anseiam por **conexão**; elas querem **pertencer** a algo e algum lugar; elas desejam **intimidade**. E é por isso que estar conectado o tempo todo se transformou numa febre. Isso foi extremamente facilitado pelas **redes sociais** e pela aquisição de bilhões de *smartphones* pelas pessoas.

Todavia, é vital salientar que na sua maioria as conexões assim estabelecidas são **incrivelmente superficiais** e para um bom percentual de indivíduos, essa conectividade exagerada as torna mais ansiosas, irritadiças e até um tanto quanto enlouquecidas, em especial quando começam a circular notícias desairosas ou falsas sobre elas!!!

6ª) PROPÓSITO

Inicialmente deve-se destacar que a palavra propósito vem do latim *propositum*, cujo significado é "**aquilo que se coloca adiante**" – o que se busca. De acordo com o dicionário *Aurélio*, na língua portuguesa o vocábulo significa: "grande vontade de realizar ou alcançar algo; desígnio; o que se quer fazer." Assim, considerando algumas dessas definições, uma

vida com propósito seria aquela sustentada pelas razões pelas quais **fazemos – ou não – certas coisas**.

Apesar de tudo o que fazemos, consumimos, pensamos e acreditamos, nota-se que as pessoas atualmente estão cada vez mais famintas por um propósito, como por exemplo envolver-se com as questões de meio ambiente!!! Assim, hoje praticamente todos se perguntam:

- **"Por que estou aqui?"**
- **"Isso é tudo o que sou?"**
- **"Isso é tudo o que serei?"**

Pois é, uma vez atendidas as nossas necessidades básicas, tendemos a ansiar por algo mais. A intimidade é uma dessas necessidades de ordem superior, e é por isso que as pessoas buscam se conectar cada vez mais com as outras. Já **o propósito é como nos conectando com nós mesmos**!!!

Cada um de nós tem essa voz interior, com a qual conversamos bem mais longamente do que com qualquer outra pessoa. E quem acha que não o faz deveria ler urgentemente o livro escrito pelo analista comportamental Gabriel Calzado, cujo título é *Faça de Propósito – A Partir de Agora Você Vai Trabalhar com Propósito de Propósito* (DVS Editora), no qual ele explica muito bem o porquê de todos precisarem de um **propósito**.

Isso é vital no processo de desenvolvimento de sua carreira, ou seja, como viver em função do seu propósito (mais detalhes no Livro 3). Pode-se perceber a importância do propósito nas seguintes citações:

> "Se você ainda não achou uma causa pela qual valha a pena morrer, você ainda não encontrou sua razão de viver." – **Martin Luther King Jr.** (1929-1968), pastor batista e ativista político norte-americano.

> "Os dois dias mais importantes da sua vida são aquele em que você nasceu e aquele em que você descobriu para quê!!!" – **Samuel Langhorne Clemens** (1835-1910, mais conhecido pelo pseudônimo Mark Twain), escritor e humorista norte-americano.

Na verdade, qualquer um que deseja alcançar sucesso na carreira precisa pensar em sua própria vida, inclusive em como reorientá-la, sempre estabelecendo novos propósitos. Até porque, a partir de 2022, quando finalmente superarmos a *Covid-19* [acrônimo para a expressão *coronavírus disease* (doença do coronavírus) e o número 19, simbolizando o ano (2019) em que as primeiras vítimas foram infectadas em Wuhan, na China], certamente haverá outros novos normais.

A disseminação da *Covid-19* obrigou as pessoas em todas as partes do mundo a se adaptarem ao isolamento (distanciamento social) e/ou ao uso de máscaras, não é mesmo? Confira isso nessas fotos!

Para você estimado(a) leitor(a) qual das situações foi a mais traumática?

Não se pode esquecer também que a partir do início do século XXI as pessoas começaram a se **adaptar** às **mudanças** caracterizadas por palavras ou expressões iniciadas com a letra C (algumas ligadas aos normais há pouco citados...), que constituem o **conjunto dos 6Cs**!!!

1ª) CONTRATAÇÃO TEMPORÁRIA.

O emprego se tornou uma ocupação transitória para muita gente. Muitas pessoas procuraram criar seu próprio trabalho, voltando-se, por exemplo, para o empreendedorismo. Essa situação é explicada pelo conceito de **trabalho líquido**, difundido pelo sociólogo polonês Zygmunt Bauman (1925-2017) em seu livro *Modernidade Líquida*. Na obra, o autor destacou que ao longo dessa nova era as relações sociais, econômicas e de produção têm se tornado cada vez mais frágeis, fugazes e maleáveis, exatamente como são os líquidos.

Na modernidade líquida um significativo contingente de trabalhadores não planeja mais ficar na mesma empresa até chegar à aposentadoria, mas pensa em circular por várias delas e deixar o sistema fluir. Ela se caracteriza também pela agilidade, acompanhando o pensamento da época e a moda. Aliás, essa liquidez também tem ficado bem evidente no convívio temporário, particularmente nas relações amorosas, uma vez que os vínculos humanos podem ser rompidos a qualquer momento, com as pessoas se **desengajando**!?!?

De fato, a liquidez e toda sua volatilidade são características que vieram para desorganizar as várias esferas das vida social – trabalho, amor, cultura etc. –, sendo que as redes sociais e a Internet serviram de instrumentos para que tais mudanças se concretizassem...

2ª) CONECTIVIDADE.

É indiscutível que as fantásticas tecnologias de informação e comunicação (TICs), que não param de se aprimorar, contribuíram enormemente para o recente desenvolvimento dos seres humanos, isso por conta do seu significativo alcance. A conectividade foi se ampliando cada vez mais, alcançando bilhões de pessoas no planeta (no início de 2022, 5,2 bilhões usavam a Internet) que se comunicam diariamente, demonstrando muita afinidade no uso de diversas plataformas (redes sociais), como Facebook, Twitter, WhatsApp, YouTube, LinkedIn etc.

Convém salientar que ambos os vocábulos, **conectividade** e **conexão**, são legítimos. Porém, a escolha e utilização de cada palavra depende do contexto. Tudo o que acontece fora do habitual e, por alguma razão, parece ligar uma pessoa a um objeto ou a outra(s) pessoa(s) é chamado de conectividade. Sem conectividade fica difícil em muitos casos criar **intimidade**.

Os seres humanos sempre precisaram de contatos, de conexões presenciais, mas agora estão cada vez mais conectados por meio da tecnologia digital!?!?

Por outro lado, sem afinidade torna-se complicado estabelecer vínculos, e, sem eles, uma **comunicação eficaz** não acontece. Contudo, a comunicação é o elemento essencial para quem almeja sucesso e prosperidade em sua vida profissional, acadêmica, espiritual e amorosa.

Conectividade gera **completude** e **bom senso**, enquanto a **desconexão** gera individualidade, no sentido mais pejorativo e egoísta da palavra. O indivíduo conectado é mais assertivo, ou seja, mais claro, objetivo e direto em suas colocações e intervenções. Há, porém, aquelas pessoas que em suas conexões cometem toda sorte de ações indiscretas, confusas e até desastrosas.

Todos, entretanto, devem buscar uma forte **conexão** com outra pessoa, para desse modo serem capazes de compartilhar seus objetivos de vida e sua visão para o futuro. É algo como se conectar com a sua "**alma gêmea**", o que lhe traz uma intensa sensação de conforto!!! Quando isso acontece, você pode crer que teve muita sorte e deve aproveitar a felicidade que isso irá lhe proporcionar.

E por que existe atração entre as pessoas?

Esta é uma pergunta que certamente já nos fizemos em algum momento. No amor, por exemplo, é muito comum nos interessarmos por alguém que compartilha dos mesmos interesses e objetivos (mais detalhes sobre isso no livro 3, cujo título é *Trabalhabilidade: A Essencialidade do Aperfeiçoamento*). A justificativa é que tendemos a amar aqueles que se parecem conosco!?!? A descoberta de semelhanças nas atitudes, nos valores e em outros traços estimula bastante o surgimento de **afeto** entre os seres humanos!!!

Uma vez estabelecida essa **conexão**, pessoas que se gostam muito desejam ficar lado a lado imediatamente para vivenciarem todo o prazer que esse amor proporciona a ambas...

BRILHE 2

Todos somos atraídos pelo sexo, mas existem algumas situações em que as pessoas (pelo menos uma delas...) consideram essa prática bastante inconveniente!!!

O que você acha das seguintes ilustrações?

Você tem certeza que essa é a *suíte* para a lua-de-mel?

Paciente não totalmente doente...

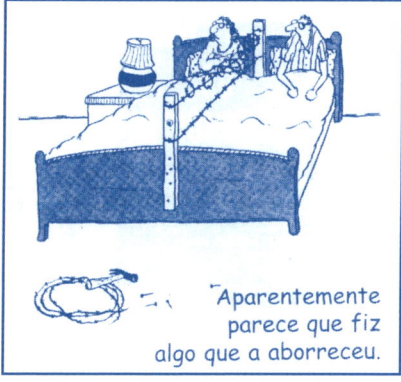

Aparentemente parece que fiz algo que a aborreceu.

3ª) COMPARTILHAMENTO.

Sem dúvida vivemos numa **época de compartilhamento**, descrita como aquela em que atividades estão voltadas para a produção de valores de **utilização comum** e que se baseiam em novas formas de administrar o trabalho (mais horizontal que vertical), na manutenção dos bens, espaços, objetos e ferramentas (com ênfase no seu uso, não em sua posse), na gestão das pessoas organizadas em redes ou comunidades que geralmente são intermediadas por plataformas na Internet.

De fato, a **economia do compartilhamento** floresceu graças à **facilidade de acesso** proporcionada pelas tecnologias digitais. Assim, as pessoas desenvolveram a prática de partilhar de tudo: meios de transporte (de automóveis a patinetes elétricos); bens (alugando roupas e trocando objetos); serviços (recorrendo desde a passeadores de animais a profissionais de limpeza); espaços (para hospedagem por meio do Airbnb ou no trabalho, com escritórios voltados para o *coworking*) etc.

Um livro pioneiro que estimulou o surgimento da economia do compartilhamento foi a *Era do Acesso*, escrito pelo visionário Jeremy Rifkin. Apesar de ser um termo razoavelmente novo, a economia compartilhada surgiu há várias décadas, com as pessoas compartilhando suas posses com amigos e familiares, aproveitando-as ao máximo, diminuindo sua subutilização e reduzindo despesas!!!

 01

> Quem desejar mais detalhes sobre esse tema, eles poderão ser encontrados no livro *Economia Compartilhada*, de Arun Sundarajan, no qual o autor detalha de que maneira essa prática alterou o crescimento econômico e afetou o futuro do trabalho. Não se deve esquecer, entretanto, que até mesmo a economia do compartilhamento foi bastante afetada pelas rígidas normas de distanciamento social estabelecidas para o combate à pandemia de *Covid-19*, nos anos de 2020 e 2022.

4ª) COLABORAÇÃO.

Inicialmente deve-se dizer que por **colaboração** entende-se **ajuda** prestada a outra pessoa para que esta consiga fazer algo que, sozinha, não conseguiria". Mas é possível colaborar de várias formas, como oferecendo uma contribuição econômica (de forma desinteressada); ajudando em causas solidárias (adquirindo uma rifa, apadrinhando ou patrocinando uma instituição sem fins lucrativos etc.).

Um sinônimo de colaboração é **cooperação**, em especial quando ela acontece de forma **voluntária**. Aliás, foi por meio da cooperação que os seres humanos conquistaram tantas coisas ao longo da história – o que seguramente não teria acontecido se cada um trabalhasse por si só. Hoje a **cultura colaborativa** está muito associada a Internet, visto que existem diversas ferramentas colaborativas que mostram claramente que o **trabalho conjunto** é bem melhor e mais eficiente que o realizado de forma **individual**.

Entre os exemplos reais dessa prática está a *Wikepédia* (uma imensa enciclopédia digital que em janeiro de 2021 completou 20 anos de existência e conta com milhões de colaboradores); o Waze [um aplicativo de GPS (*global positioning system*, ou sistema de posicionamento global) colaborativo que é usado e alimentado hoje por motoristas em todo o mundo]; o YouTube (cujo significado é "**você na tela**", e que permite que, entre outras coisas, os usuários visualizem, compartilhem e baixem vídeos).

Valendo-se agora das TICs, temos dentro da **economia colaborativa** o *crowdfunding* ("financiamento coletivo"), quando as pessoas são "convidadas" a colaborar com certas propostas, recebendo em troca alguma vantagem do proponente (ou realizador), ou o *crowdsourcing* ("colaboração coletiva" ou "terceirização").

Embora alguns confundam a economia de compartilhamento com a economia colaborativa, uma vez que elas coincidem em vários aspectos, neste livro nos concentramos nas grandes diferenças entre ambas!?!? Voltando à definição, na **economia compartilhada** o público utiliza as vantagens da conexão para disponibilizar a outras pessoas **bens** que já possui, com o intuito de incrementar sua renda. O objetivo aqui é que cidadãos comuns se ajudem de forma **recíproca**, encontrando soluções para suas necessidades sem precisar adquirir novos bens. Essa prática também é **mais sustentável**, pois ajuda a diminuir a fabricação de novos produtos, reduzindo a demanda por eles.

01

Recorde-se que o ano de 2008 foi terrível para a economia global por conta da crise financeira que começou com a especulação imobiliária nos Estados Unidos da América (EUA), provocada pelo aumento abusivo dos preços dos imóveis e a consequente inadimplência dos que optaram pela compra a prazo!!! Essa crise levou à falência instituições como o banco Lehman Brothers e, com o tempo, espalhou-se pela Europa e pelo mundo. Felizmente o Brasil não foi seriamente impactado pelo evento. De qualquer modo, esse susto serviu para que muitas pessoas procurassem utilizar seus recursos de forma mais eficiente, compartilhando-os e reduzindo desperdícios. E, pelo menos em parte, isso se tornou possível pela adoção em diversas práticas do modelo **5Rs**: **reduzir**, **reusar**, **reciclar**, **reparar** e **redistribuir**.

Já na **economia colaborativa** as pessoas (os consumidores), que não necessariamente se conhecem, reúnem-se ou comunicam-se por intermédio de um grupo, de uma associação ou cooperativa para conseguirem o que desejam, concentrando-se na cooperação.

5ª) CULTURA *MAKER*

A palavra inglesa *maker* significa **criador**, **fazedor** ou **realizador**. Desse modo, a cultura *maker* se baseia na ideia de que as pessoas devem ser capazes de construir, fabricar, reparar e alterar objetos dos mais variados tipos e mais diversas funções, utilizando para isso as próprias mãos e apoiando-se em um ambiente colaborativo e na transmissão de informações e conhecimentos entre pessoas e grupos. Esse movimento é uma evolução do *"Do it yourself"* (**"Faça você mesmo"**). Em outras palavras, cabe a você colocar a "**mão na massa**".

Um aspecto interessante desse universo *maker* é o físico, ou seja, a proliferação de modernos laboratórios para a fabricação de diversos artigos. Eles são equipados com impressoras 3D (três dimensões), cortadores a laser, equipamentos e acessórios para se desenvolver inovações em várias áreas, inclusive em eletrônica e nas TICs. Esses locais se tornaram conhecidos como *makerspaces*, *fab labs* ou até *hackerspaces* (!?!?), o que tem intensificado a disseminação da cultura *maker*.

Na realidade o movimento *maker* começou a virar febre a partir do início do século XXI, visto que qualquer pessoa dotada das ferramentas certas e do devido conhecimento podia criar as suas próprias soluções para problemas cotidianos, inclusive tornando-se um produtor de bens. O surgimento de muitas soluções cada vez mais criativas e personalizadas abriu de fato as portas para o movimento *maker*, e ele não parou de crescer desde então!!!

Aliás, isso foi antecipado com muita precisão quando Chris Anderson (editor da famosa revista *Wired*), lançou em 2011 seu livro *Makers: A Nova Revolução Industrial*, no qual salientou: "O movimento *maker* tem a capacidade de ser radical a tal ponto que, daqui a alguns anos, qualquer pessoa com um pouco de conhecimento técnico e com as ferramentas certas conseguirá construir ou fabricar os próprios produtos!!!"

Por sinal, estimado(a) leitor(a), você já leu algum livro sobre a cultura *maker*? Em caso negativo, saiba que já existem vários deles publicados, inclusive em português!

O fato é que com a disseminação da cultura *maker*, muitas pessoas se tornaram mais proativas e autônomas, incrementando sua **trabalhabilidade**, e ficando mais independentes de outras para ter um emprego que garanta sua sobrevivência, encontrando assim uma solução para sua própria vida!!! É vital entender que vivemos numa época em que ninguém precisa ser um grande especialista em determinada área para ser um *maker* eficiente e eficaz, particularmente nas atividades de produção de roupas, alimentos, cosméticos, objetos de decoração, ferramentas, instrumentos diversos etc.

6ª) CRIATIVIDADE.

Para poder enfrentar melhor os desafios no século XXI, toda pessoa deveria valer-se da criatividade, ou seja, da capacidade de pensar e criar coisas novas, dar uma utilidade inédita a algo que já existe ou imaginar diferentes possibilidades para solucionar situações problemáticas (isso será abordado em mais detalhes no livro 2).

O fato é que em tempos de turbulência, a criatividade conquistou a posição de "**competência de sobrevivência**", em especial por ser o ingrediente fundamental para os negócios desenvolvidos nos diversos setores da economia criativa (EC).

01

A importância da EC foi destacada por mim nos seguintes livros:

- *Economia Criativa: Fonte de Novos Empregos* (em 2015, dois volumes);

- *Cidades Criativas: Talentos, Tecnologia, Tesouros e Tolerância* (em 2017, em dois volumes);

- *Cidades Paulistas Inspiradoras: O Desenvolvimento Estimulado pela Economia Criativa* (em 2018, em dois volumes) e

- *Encantadoras Cidades Brasileiras: As Pujantes Economias Alavancadas pela Visitabilidade* (entre 2019 e 2021, em três volumes).

Todos esses livros foram publicados pela editora DVS, e neles destaca-se como quem for criativo e/ou souber usar sua criatividade estará apto a **se adaptar** às bruscas mudanças às quais todos nós estamos submetidos agora.

Aliás, a adaptabilidade é uma competência que todos precisamos desenvolver!!! Isso foi bem enfatizado quando alguns "especialistas em sobrevivência e sucesso" passaram a divulgar e atribuir ao naturalista britânico Charles Robert Darwin (1809-1882) a frase: "Não é o mais forte que sobrevive, mas aquele que melhor **se adapta às mudanças!!!**"

Na realidade, Darwin nunca disse isso (!?!?). Essa frase é de autoria do professor universitário norte-americano Leon C. Megginson (1921-2010), que num discurso em 1963 comentou: "Uma pessoa não precisa ser mais inteligente ou mais forte para obter sucesso, basta ser capaz de se adaptar às mudanças que não param de acontecer..."

No passado as pessoas precisaram usar os "orelhões" para telefonar umas para as outras. Porém, com o advento do telefone celular – e cada indivíduo hoje tem o seu próprio aparelho –, esses orelhões se tornaram totalmente obsoletos e desapareceram das ruas!!!

Mas, afinal de contas, do que trata realmente o termo adaptabilidade?

De uma forma simples, pode-se dizer que é a capacidade de um indivíduo se ajustar ou adequar às necessidades e circunstâncias vigentes, em especial diante dos novos cenários provocados pelas **transformações digitais**. Trata-se, portanto, da aptidão para viver bem em condições diferentes daquelas com as quais se estava acostumado.

Algumas pessoas possuem um comportamento mais propenso a acomodação, enquanto outras evidenciam claramente sua dificuldade em enfrentar as mudanças. Todos, entretanto, devem se esforçar para desenvolver essa aptidão. Diante de mudanças, é comum que num primeiro momento não vejamos muitas opções e, então as reclamações e lamentações tornam-se tão intensas, quando busca-se inclusive negar sua existência e não pensar nas suas consequências. Todavia, o que de fato deveríamos fazer é pensar de forma racional, buscando maneiras de se **adaptar** do modo que for possível a cada alteração.

Podemos, portanto, afirmar que **adaptáveis** são os indivíduos que conseguem reagir às várias situações de mudança e interagir com elas de forma correta. A adaptabilidade está diretamente ligada à forma como encaramos e lidamos com as mudanças.

Aqueles que enxergarem nas mudanças uma possibilidade de crescimento, um estímulo para deixar a rotina de lado, sair da zona de conforto e ousar fazer algo diferente, questionar e desafiar os próprios limites, acabarão aproveitando melhor essas mudanças para se desenvolver nos âmbitos pessoal e profissional.

Adaptando-se rapidamente ao chefe, não é?

"Linda gravata!"

E quem deseja construir uma carreira de sucesso precisa compreender que tudo isso depende da capacidade individual de **adaptabilidade**. Para se tornar uma **pessoa adaptável** é preciso, entre outras coisas, ser **ágil** (o que será explicado no livro 2), **aperfeiçoar-se continuamente** (detalhado no livro 3) e buscar o **autoconhecimento**, algo que lhe permitirá a identificação e o reconhecimento dos próprios sentimentos e a criação de resiliência.

Em seu livro *Adaptability: The Art of Winning in an Age of Uncertainty* (*Adaptabilidade: A Arte de Vencer numa Era de Incertezas*, em tradução livre), Max McKeown destacou: "A adaptabilidade é a característica chave para o ser humano. É a competência que lhe permite adaptar-se de forma rápida e inteligente a uma situação, o que representa a grande diferença entre o fracasso e o sucesso. Todo fracasso é falha na adaptação, e todo sucesso é uma adaptação bem-sucedida."

A adaptabilidade é, portanto, uma *skill* (habilidade) essencial para que possamos ter equilíbrio em nossas emoções, especialmente diante de "**adversidades**", como por exemplo, as que nos defrontamos nos mundos VICA e FANI (analisados mais adiante ainda nesse livro, nos capítulos 3 e 5, respectivamente). Seja, portanto, um ser adaptável às mudanças que afetarão sua vida, desde que isso não atropele seus princípios e sua ética, é claro!!!

Não há dúvida de que agora e sempre – mais do que nunca –, o imperativo inexorável que rege o ser humano é "**adaptar-se ou perecer**"! E para concluir de forma enfática essa análise sobre adaptabilidade, vale à pena ler atentamente o que nos recomenda a advogada Élida Pereira Jerônimo: "As mudanças vêm e temos de nos adaptar. Por isso aprender é preciso, reaprender e reinventar mais que necessário. Não nascemos prontos, não somos seres acabados; somos seres humanos em constante evolução, buscando a melhoria. Evoluir é aprender, se adaptar, flexibilizar, enfrentar os próprios medos e os desafios que surgem pelo caminho. Se quisermos progredir temos de nos abrir para o novo e seguir com a mente aberta. Podem surgir críticas e elogios, acontecer falhas e aplausos. Tudo isso balizará nosso crescimento!!!"

Lembre-se sempre que de acordo com um estudo realizado pelo LinkedIn (a mais famosa e maior rede social profissional) em 2020, a adaptabilidade foi a **4ª competência** mais desejada pelas empresas ao realizarem contratações. Portanto, desenvolver a adaptabilidade fará toda a diferença na vida profissional de todo indivíduo que visa garantir sua **empregabilidade** e/ou **trabalhabilidade**.

BRILHE 3

Se ainda continua difícil compreender a imperiosa necessidade por adaptabilidade, divirta-se – e **instrua-se** – com as seguintes ilustrações de Jean Monteiro:

Parece que você terá um corte de salário ou se tornará roupeiro de um time de futebol!!!

Preciso de dinheiro para contratar um analista.

"Silva, admiro sua habilidade para ver as coisas pelo lado positivo!"

"Adorei sua tatuagem. Mas a resposta continua a mesma: nada de aumento!"

CAPÍTULO 2

A IMPORTÂNCIA DA EMPREGABILIDADE E DA TRABALHABILIDADE NUM MUNDO BASTANTE IMPREVISÍVEL

Entre as principais inquietações do ser humano está a **obtenção de trabalho**, ou seja, a garantia de uma fonte de renda que lhe permita ao menos suprir suas necessidades básicas na vida!?!? Entretanto, para conquistar e assegurar tal condição é preciso vencer certas barreiras, que incluem desde a escolha de uma carreira profissional em demanda pelo mercado até a obtenção de um posto de trabalho.

Por outro lado, em função do acirramento na concorrência por empregos – algo que provavelmente se deve às inúmeras inovações tecnológicas que promoveram uma crescente automatização e execução de tarefas por "máquinas inteligentes"–, as empresas têm se tornado bem mais exigentes e específicas em suas contratações, empregando apenas indivíduos que reúnam todas as competências necessárias para garantir alta produtividade e eficiência na realização do trabalho. Por conta disso, hoje para se conseguir um emprego as pessoas se veem obrigadas a ampliar bastante seu "**índice de empregabilidade**"!!!

MAS O QUE É EXATAMENTE EMPREGABILIDADE?

Trata-se do conjunto de conhecimentos – técnicos e comportamentais – demandado pelo mercado de trabalho dos profissionais.

Por conta disso, a empregabilidade é um conceito que começou a ter muito destaque a partir da década de 1990, podendo ser compreendida por dois aspectos:

1. Capacidade de um indivíduo conseguir um emprego!!!
2. Aptidão de um indivíduo em manter-se empregado!!!

Naturalmente é imprescindível que em ambos os casos o profissional se mantenha atento às mudanças tecnológicas e se aproprie das atualizações que envolvam o setor em que deseja trabalhar.

O valor pelo qual uma pessoa é percebida pelo mercado de trabalho, ou seja, pelos empregadores, está ligado diretamente ao seu grau ou índice de empregabilidade, um conceito recente que indica o quanto um profissional demonstra potencial para conquistar uma posição (um cargo) de trabalho dentro de uma empresa. Ele é avaliado inclusive de **forma qualitativa**, levando-se em consideração as seguintes informações sobre o mesmo:

- Formação acadêmica.
- Área de atuação.
- Experiência profissional.
- Perfil comportamental.
- Rede de relacionamentos.
- Conhecimentos e habilidades técnicas.

Em outras palavras, é a capacidade do indivíduo para inovar, se relacionar bem e propor soluções criativas para os problemas da empresa que elevam o índice de empregabilidade de uma pessoa.

As mudanças que ocorreram, particularmente nessas últimas três décadas, influenciaram e modificaram muito o **conceito de carreira** almejada. Percebeu-se, por exemplo, que são poucos os profissionais que continuam trabalhando na mesma organização por muitos anos, e principalmente na mesma função.

As radicais modificações ou alterações que aconteceram nos últimos 30 anos se deram em todos os segmentos de negócios e afetaram praticamente todos os profissionais. Em consequência disso, muitas ocupações deixaram de existir, enquanto – e felizmente – outras surgiram, também com grande demanda.

Nesse contexto, até mesmo um profissional com bom índice de empregabilidade pode de repente se ver **desempregado**, o que não significa que estará **desocupado**!?!? Isso se deve à existência de inúmeras novas oportunidades de trabalho. Entretanto, para aproveitá-las ele terá de se manter atento e pronto para **se adaptar** às novas ocupações da economia moderna.

BRILHE 4

Descubra como é possível fazer uma trajetória contínua, com seis linhas retas passando por **todos** os 16 pontos indicados abaixo, **sem tirar a ponta do lápis ou da caneta do papel**.

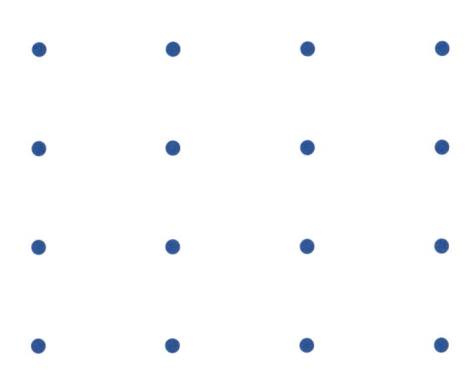

O **profissional do futuro** (falaremos mais sobre isso mais adiante) será aquele que:

1º) Estiver pronto para **empreender** e **investir em si mesmo**.
2º) For capaz de **se reinventar**.
3º) Tiver a ambição de **adquirir as novas competências** demandadas.
4º) Estiver preparado para **atualizar-se e manter-se valorizado**, com elevado índice de empregabilidade.

Enquanto na **empregabilidade** o trabalhador se mantém sujeito às ordens de seus superiores, pela ótica da **trabalhabilidade** – um conceito que na virada do século começou a ganhar cada vez mais importância – foca-se no desenvolvimento do potencial de cada indivíduo para **gerar o próprio trabalho** e, consequentemente, obter renda.

Em uma época de incertezas na qual os modelos tradicionais de emprego já não parecem atender a muita gente, a trabalhabilidade surgiu como uma interessante alternativa para que as pessoas possam obter boas remunerações.

MAS O QUE SIGNIFICA EXATAMENTE TRABALHABILIDADE?

Pode-se dizer que é a capacidade de uma pessoa de adaptar-se e gerar renda a partir de suas **habilidades**. Na trabalhabilidade o foco não está mais na conquista do emprego, e sim na capacidade de cada um gerar seu trabalho e obter remuneração a partir do próprio esforço – de si mesmo. Esta é uma situação em que uma pessoa pode atuar como profissional autônomo (médico, advogado, dentista, consultor etc.), como micro-empreendedor, ou ainda como *freelancer* (palavra inglesa que significa "colaborador independente", também conhecido no Brasil pelas gírias "freela" ou "frila").

Aliás, sobre este último profissional, pode-se dizer que ele investiu fortemente no conceito de **trabalhabilidade**: pois ele capta e atende seus clientes de forma independente, sem exclusividade e nas mais diversas áreas (em especial nos setores de comunicação e tecnologia), realizando projetos isolados para cada um deles, geralmente no sistema *home-office* ("escritório em casa") – uma prática que antecedeu bastante essa nova tendência surgida com a pandemia.

Ele se utiliza de várias plataformas para divulgar os serviços oferecidos, organiza e administra suas tarefas. Aliás, acostumados com essa rotina, muitos *freelancers* prestam serviço a partir de acordos verbais, o que os pode levar a calotes.

A grande diferença entre **empregabilidade** e **trabalhabilidade** é que a primeira se concentra na **capacidade de o trabalhador conseguir um emprego,** enquanto a segunda **na habilidade de um indivíduo para oferecer bons serviços**. Esta é sem dúvida uma grande mudança de paradigma.

Pelo viés da empregabilidade, as pessoas se preparam para garantir um bom cargo, desempenhar funções relativamente estáveis, com a possibilidade de progredir na carreira. Já pela ótica da trabalhabilidade, não é o emprego que importa, mas a **realização profissional** e a **relevância dos projetos** com os quais o indivíduo está envolvido.

Mas a grande novidade da trabalhabilidade é a **priorização das aspirações pessoais,** a **contribuição** do profissional para a **coletividade** e o componente de **responsabilidade social** que ela agrega. Por tudo isso, a trabalhabilidade é considerada um avanço em relação à empregabilidade, uma vez que nela a ideia de valor (ou do dinheiro) ganha uma nova dimensão.

Infelizmente ainda há muito mais gente tentando arrumar **emprego** que conseguir **trabalho** – e não somente no Brasil, mas em todo o mundo!!! O contingente de profissionais que pouco se importam com o legado que deixarão nas empresas que os empregaram é lamentavelmente gigante. Para essas pessoas que aceitam a responsabilidade por uma série de tarefas em troca de salário, o que interessa são respostas claras para as seguintes perguntas:

- **Quanto vou ganhar?**
- **Que benefícios essa empresa oferece?**
- **Qual é a jornada de trabalho diária?**

Já os que desejam trabalho raramente perguntam o que as empresas esperam deles. Essas pessoas focam no impacto social e no valor produzido por elas – o que **não significa** que ganhar dinheiro deixou de ser importante, é claro! Desse modo, para quem estiver lendo esse livro, o conselho é simples: **"Procure sempre se concentrar na contribuição que você está dando a uma empresa com o seu trabalho. É isso que irá garantir sua trabalhabilidade!!!"**

O conceito de trabalhabilidade tem ganhado cada vez mais importância e se fortalecido desde o Fórum Econômico de Davos (Suíça), realizado em 2016, quando revelou-se que provavelmente **65%** das crianças matriculadas naquele ano no ensino fundamental (no Brasil e pelo mundo), em 2030 trabalharão em funções que **ainda sequer existem** – um cenário surpreendente para o mercado de trabalho do futuro!?!?

Essa ideia também tem evoluído pelo fato de vivermos num ambiente cada vez mais volátil, incerto, complexo e ambíguo (mundo VICA, explicado no capítulo 3). Por outro lado, nos anos mais recentes tornou-se cada vez mais evidente que estamos imersos numa realidade não linear (mundo FANI, descrito no capítulo 5), o que já nos levou à renovação de vários conceitos já estabelecidos.

A trabalhabilidade também traz consigo características como **agilidade** e **flexibilidade**, traços que têm sido apontados nas gerações Y (nascidos no final da década de 1970) e Z (nascidos a partir de 1992) e nos ajudam a entender o novo cenário: uma grande quantidade de projetos realizados de forma colaborativa e compartilhada, alinhados com os valores pessoais. O fato é que, aqueles que investirem em trabalhabilidade estarão mais bem preparados para lidar com as mudanças no mercado, que não apenas continuarão a acontecer, mas de forma cada vez mais abrupta!!!

BRILHE 5

Aí vão algumas ilustrações, com e sem palavras, que se apoiam no "canino humor". Aliás, não existe nenhum animal que tenha se adaptado tanto aos seres humanos como o cão. E a recíproca é verdadeira e a prova disso é a população de cachorros que vive com as pessoas.

CAPÍTULO 3

MUNDO VICA

O sucesso do passado tem levado muita gente à crença, à presunção e até mesmo à sensação de que as **impactantes mudanças** que têm ocorrido em suas vidas e nas empresas em que trabalham **não são tão assustadoras ou radicais** (!?!?). Além disso, considera-se que há sempre o risco de fracasso na implementação delas. Porém, já não é mais possível pensar desse modo, uma vez que importantes mudanças não param de acontecer, tornando vital que todos se **adaptem** a elas.

Isso pode ser claramente percebido na intensa mobilidade da força de trabalho, nas alterações no conhecimento, nas modificações administrativas promovidas e, inclusive, na importância da conectividade, pois vive-se na **era da informação**. Isso obviamente é que levou à **desintegração** de alguns mercados, de empesas de diversos ramos de atividade e até mesmo da vida de muitas pessoas.

É justamente tal realidade que nos faz buscar previsões mais precisas sobre o futuro, e a valorizar bastante os **prognósticos** feitos por **especialistas**. As pessoas estão cada vez mais atentas aos **cenários** descritos por **visionários**, e ficam perplexas e assustadas com as **descontinuidades** apontadas pelos **futurólogos**, imaginando tudo o que poderemos ter de enfrentar em breve!!!

Por conta disso, uma boa pergunta a se fazer é: "**Quais são os fundamentos das previsões?**" Vale ressaltar que as pessoas fazem previsões por diversos motivos, dentre os quais:

1. Insatisfação contínua com o *status quo* ("o estado das coisas").
2. Profunda e ilimitada curiosidade humana (estimulada pela criatividade e imaginação da nossa espécie).
3. Desejo de conjeturar ou elucubrar.
4. Necessidade de evidenciar uma perspectiva de "competência visionária".

5. Inocência infantil, como a que levou à elaboração de horóscopos e interpretação de signos.
6. Sugerir ajustes ou soluções para possíveis descontentamentos futuros.
7. Promover o uso liberal de metáforas e analogias.
8. Demonstrar empatia genuína com as necessidades humanas.

01

Existe um significativo contingente de pessoas que não sabem viver o presente e, então, aguardam para viver mais tarde!!! **Mas será que tal atitude está correta?** Parcialmente, pois a preocupação com o futuro também aflige aqueles que sabem como aproveitar todos os dias de suas vidas...

Assim, todos falam e pensam no futuro, perguntam a respeito dele, prometem coisas que farão quando ele chegar e, inclusive, temem muito o que irá acontecer doravante. Por isso, as pessoas recorrem à **futurologia** (ou ao **futurismo**) para descobrir de que modo realmente deverão proceder em assuntos como **educação**, **relações sociais**, **segurança econômica**, **saúde** etc.

Há um bom tempo aprendi com Ichak Kalderon Adizes, um dos mais importantes consultores em gestão mundial, nascido na Iugoslávia (autor de dezenas de livros), que para descobrir as pessoas que fazem **previsões corretas** seria preciso **ler jornais antigos** (que saíram há pelo menos três meses...). Somente assim seria possível dizer que esses preditores de fato "enxergavam" antecipadamente muitos fatos que aconteceriam em breve, e não seriam mais vistos apenas como "comentaristas" depois dos eventos consumados (como acontece, por exemplo, quando se fala do resultado de um jogo depois que ele já acabou...).

Hoje, no que se refere a educação e trabalho, quando precisam indicar para os filhos o que estes devem aprender ou quais carreiras deveriam seguir, muitos pais encontram-se numa posição bastante difícil. Em geral os progenitores titubeiam, pois não sabem se:

1. Indicam a carreira que pelo menos um deles seguiu na sua vez – até porque, é possível que essa profissão sequer exista no presente ou possa desaparecer no futuro...
2. Sugerem uma profissão diferente, uma vez que eles ficam temerosos por desconhecerem esse campo de atuação...
3. Não forçam nada e apoiam a escolha do filho, seja ela qual for, para seguir adiante com seu desejo, sua paixão, independentemente de o jovem ainda estar sujeito a se arrepender mais tarde, e de os próprios pais se sentirem frustrados por não terem oferecido um conselho melhor!?!?

De fato, a única coisa que os pais devem dizer com certeza é que agora é preciso **aprender**, **rapidamente desaprender** e então **aprender algo novo** – sem parar!!! Aliás, a partir de 2022 acredito que as boas escolas de ensino médio deveriam ter obrigatoriamente a disciplina **Trabalho e Projetos de Vida**, e **fazer** com que os estudantes refletissem sobre como conseguirão empregos no futuro ou criarão os próprios trabalhos!!!

No que se refere a relações sociais, uma das mais importantes é aquela que se estabelece quando duas pessoas se casam e **juram** (frequentemente na frente de um padre ou pastor) como serão e agirão no futuro!!! Porém, no futuro pós-casamento elas acabam se divorciando e, assim, **não conseguem cumprir** o que planejaram – e prometeram – para aquele futuro!!!

No tocante a segurança econômica, só quem aprendeu a poupar desde que iniciou uma vida economicamente ativa terá uma vida relativamente confortável no futuro, quando se aposentar, **não é?** Todavia, um percentual enorme de pessoas não pensa nesse futuro inevitável, o que é lamentável!!!

No que se refere à saúde, cometemos exageros quando ainda jovens que com certeza nos serão cobrados no futuro, e nem sempre numa idade muito avançada. Tenho boa experiência nesse assunto, pois quando jovem pratiquei **basquete**, inclusive defendendo a seleção brasileira. Duas décadas mais tarde os reflexos dos "**estragos precoces**" em alguns membros não tardaram a aparecer, **viu?**

Por essa razão, outra disciplina que deveria ser obrigatória no ensino universitário é **Futurismo**. Isso permitiria que os alunos, de forma sistêmica, aprendessem a observar como as evidências encontradas na ciência, na tecnologia, no empreendedorismo e no mundo dos negócios podem, em geral, afetar a cultura, os novos comportamentos e as novas estruturas da sociedade; perceber que mudanças estão ocorrendo no mundo do trabalho – que empregos estão desaparecendo e quais estão surgindo – para saberem o que realmente devem aprender!!!

Essa disciplina deveria alertar para o fato de que o **temor do futuro** – quanto à **esperança** nele – deve ser encarado de **forma equilibrada**, sem jamais esquecer que a **vida** não acontece amanhã, mas agora; que o **amor**, sem dúvida o mais importante sentimento humano, também existe agora (*carpe diem*)!?!

Diga-me, caro(a) leitor(a), você alguma vez já pensou em fazer suas **próprias previsões** ou criar cenários para o desenvolvimento de sua vida pessoal e/ou profissional no futuro?

Sem dúvida, um cenário atormentador foi aquele em que as pessoas passaram a viver logo após o término da Guerra Fria. Isso aconteceu em 26 de dezembro de 1991, com a dissolução da União das Repúblicas Socialistas Soviéticas (URSS), e o fim do conflito entre as duas potências mundiais cujas orientações ideológicas eram divergentes na disputa pela supremacia internacional (EUA, defensores do **capitalismo**, e URSS, voltada para o **comunismo**).

Estabeleceu-se a partir daí o que se chamou de mundo **VICA**, cujas características são **v**olatilidade, **i**ncerteza, **c**omplexidade e **a**mbiguidade. Na verdade, o acrônimo original em inglês é VUCA (**v**olatility, **u**ncertainty, **c**omplexity e **a**mbiguity).

A ideia de volatilidade está relacionada às constantes e aceleradas transformações que permeiam a sociedade, o que sem dúvida levou muitas pessoas a viverem num ambiente de **incerteza**, em vista dos eventos que foram se apresentando. Hoje somos constantemente bombardeados por notícias assustadoras, que nos fazem acreditar que **"tudo é possível de ocorrer agora"**!?!?

Para lidar com a incerteza, as pessoas devem, mais do que nunca, manter a sua **mente aberta** e estar prontas para **reinventar-se** diante do novo, demonstrando muita **resiliência**. Por causa disso, torna-se cada vez mais difícil planejar com exatidão qualquer passo, não apenas no que se refere à própria carreira, mas a qualquer novo negócio que se queira abrir.

Além disso, o ser humano passou a se deparar com um grau de **complexidade** cada vez mais elevado!!! Uma das verdades absolutas desses últimos tempos é que, a cada momento, surgem eventos que dentro do entendimento de cada indivíduo se parecem "verdadeiros". Não há como ter certeza de nada nesse contexto tão complexo, em especial quando não se tem conhecimentos concretos sobre determinados assuntos.

Claro que um ambiente ao mesmo tempo volátil, incerto e complexo nos leva frequentemente a **interpretações ambíguas** a respeito do que ocorre ao nosso redor e pelo mundo afora. Isso acabou gerando muitos conflitos e desentendimentos entre pessoas cujos pensamentos divergiam em relação às mesmas **proposições** ou **temas**!?!?

Foi por isso que Zygmunt Bauman enfatizou que vivemos numa época em que: "Nada permanece no lugar por muito tempo, pois tudo é flexível e volátil. Vivemos nos tempos de **amor transitório**, quase instantâneo; de enorme volatilidade em nossas relações, sendo o vazio que sentimos uma constante, e o tédio bem avassalador." E ainda no que se refere a **volatilidade**, realmente as mudanças que estão acontecendo criaram um ambiente de muita instabilidade e inconstância. Assim, o que ontem era de um jeito, amanhã poderá ser de outro!!!

Já no tocante à **incerteza**, como estamos num mundo extremamente volátil, torna-se cada vez mais complicado saber o que acontecerá daqui uma semana ou um mês. Há algumas décadas era bem mais fácil fazer previsões, isto é, "**olhar para a frente**" e identificar, por exemplo, quais profissões seriam as mais demandadas no futuro ou que empresas poderiam prosperar mais!!!

Porém, as **incertezas** frutificam quando as coisas são **imprevisíveis**, algo que por sinal tem abalado especialmente os que desejam **empreender**!!! E para fixar bem o significado de incerteza, medite um pouco sobre como esse termo já foi explanado:

- "Avalia-se a inteligência de um indivíduo pela quantidade de incertezas que ele é capaz de suportar." – **Immanuel Kant** (1724-1804), filósofo prussiano.
- "Não importa o quão sereno o dia de hoje pode ser. O amanhã é sempre incerto!!!" – **Warren Buffett**, filantropo e investidor bilionário norte-americano.
- "A incerteza dos acontecimentos é sempre mais difícil de suportar que o próprio acontecimento." – **Jean-Baptiste Massillon** (1663-1742), religioso francês.

01

Muito provavelmente, e num futuro não muito longínquo, quando os pais perguntarem às crianças o que elas gostariam de ser quando forem "grandes", as respostas certamente serão cada vez mais diferentes daquelas que esses pais escutaram dos filhos duas ou três décadas atrás, não é mesmo? E isso é verdade, uma vez que médicos, engenheiros, professores, contabilistas, administradores, arquitetos, jornalistas, consultores financeiros e até mesmo padres (!?!?) estão deixando de estar no centro do seu palco profissional para ocuparem as "laterais", operando ou ajudando as **máquinas inteligentes** a fazerem o que, até há bem pouco tempo, era de sua **exclusiva competência**.

Essa, aliás, é a tese mais branda do livro *O Futuro das Profissões: Como a Tecnologia Transformou o Trabalho dos Especialistas Humanos*, considerado o "**livro do ano**" pelo famoso jornal inglês *Financial Times*, em 2019, apesar de ter sido publicado em 2015. Esse livro foi escrito por Richard e Daniel Susskind, pai e filho respectivamente, sendo que o primeiro é conselheiro do governo britânico e professor visitante do Oxford Internet Institute e o segundo, professor na Universidade de Oxford.

No livro eles abriram uma controvérsia, especialmente entre os céticos que não admitem que a **indispensabilidade** de profissionais especializados desapareça ou se altere de forma significativa nos próximos anos. Os autores também salientam, principalmente para os que não acreditam que a tecnologia digital desempenhe atualmente um papel tão central, tampouco reconhecem sua evolução sem precedentes, que cada vez mais haverá **incerteza** sobre quais profissões restarão (ou serão necessárias e importantes) num futuro não muito distante.

Entre algumas frases perturbadoras desse livro, destaco as seguintes:

- "É **desconcertante** que os sistemas educacionais atuais de todo o mundo continuem concentrados em ensinar nossos estudantes a realizarem tarefas que podem ser agora melhor executadas por máquinas inteligentes!?!?"

> - "É difícil evitar a conclusão de que haverá um **declínio** acentuado da necessidade de profissionais tradicionais de carne e osso."
>
> - "É muito natural que surjam, no futuro, novas tarefas que serão executadas pelos humanos, mas é igualmente provável que mesmo estas possam vir a ser executadas pelas máquinas inteligentes. Estas muitas alterações graduais, mas inevitáveis, não significarão obrigatoriamente o desemprego, mas forçarão os seres humanos a se **requalificarem** rapidamente se quiserem ter trabalho."

Por sua vez, **complexidade** significa algo de difícil compreensão ou entendimento, pelo fato de possuir múltiplos aspectos, ou na qual surgem vários elementos cujas relações de interdependência são bem obscuros, como por exemplo ocorre no mercado financeiro!!!

A complexidade aparece em quase todas as áreas do conhecimento, como: filosofia, linguística, pedagogia, matemática, química, física, meteorologia, estatística, biologia, sociologia, arquitetura, medicina, psicologia, engenharia, computação, administração, economia etc.

Em 2014, Yves Morieux e Peter Tollmann lançaram o livro *Six Simple Rules – How to Manage Complexity Without Getting Complicated* (*Seis Regras Simples – Como Gerenciar a Complexidade sem Complicar*, em tradução livre), no qual descreveram como se tornou complexo para as pessoas saberem que produto adquirir. Na obra eles destacaram:

> "Acreditamos que há duas grandes causas para o crescimento da **complexidade**. A primeira é que com a eliminação das barreiras comerciais entre muitos países, e os avanços na tecnologia, isso permitiu aos consumidores espalhados pelo planeta, incluindo-se aí o Brasil, ter acesso a uma **abundância** de escolhas. Com tantas opções disponíveis, os consumidores passaram a ser menos leais ou descomprometidos com os produtos (ou serviços) oferecidos a eles por muitas empresas.
>
> O segundo fator que contribuiu para essa complexidade foi o crescimento do número de envolvidos (*stakeholders*) que precisam ser atendidos pelas empresas para que ela cumpra seu papel [empregados, clientes, acionistas e autoridades (para a observância das leis e regulamentos de cada setor) etc.] É claro que a complexidade causa frustração, insatisfação e desengajamento nas pessoas."

Ainda nesse mesmo livro, os autores apresentam as suas seis **regras que ajudam as pessoas a enfrentar com sucesso a complexidade!!! Se você deseja adquirir essa competência, leia essa interessante obra de Morieux e Tollmann**!?!? Enquanto isso, para consolidar um pouco mais sua compreensão sobre o que é complexo, reflita sobre as seguintes citações:

- "Não há prazer mais complexo que o do pensamento." – **Jorge Francisco Isidoro Luis Borges Acevedo** (1899-1986), escritor, tradutor e ensaísta argentino.
- "Para todo problema complexo existe sempre uma solução simples, elegante e completamente errada!?!?" – **Henry Louis Mencken** (1880-1956), jornalista ateu e crítico social norte-americano.
- "Qualquer tolo inteligente consegue fazer coisas maiores e mais complexas. É necessário um toque de gênio, e muita coragem, para ir no sentido oposto." **Albert Einstein** (1879-1955), físico teórico alemão que desenvolveu a teoria da relatividade.

Albert Einstein: um dos pais da ciência moderna.

E o que nos mostra o contínuo progresso da humanidade é que sempre se encontra uma saída para qualquer problema, por mais complexo e difícil quer possa parecer...

Finalmente no que se refere a **ambiguidade**, convém inicialmente ressaltar de que maneira ela acontece em nossa língua. Para tanto, é vital explicar o sentido de "**polissemia**", ou seja, a palavra que vem do grego *polysemos*, cujo sentido é **"algo que tem muitos significados"**. Assim, polissemia é a multiplicidade de significados que uma palavra apresenta conforme o contexto.

A palavra "vela", por exemplo. De acordo com o contexto ela pode ser parte de um barco, uma peça feita de cera para iluminar o ambiente ou o verbo "velar" conjugado na terceira pessoa do singular do presente.

Prezado(a) leitor(a), como uma pequena pausa para distração, você é capaz de elaborar três frases usando a palavra **graça** em contextos completamente diferentes!?!? Conseguiu? Parabéns!!!

BRILHE 6

Os desenhos na sequência não lhe parecem um tanto quanto ambíguos ou "confusos"?

a. Essa pessoa está sorrindo ou não?

b. O que você vê, dois perfis ou um vaso?

c. Sobe ou desce?

d. Três pinos ou dois?

e. Três colunas ou duas?

f. Você enxerga aqui uma jovem ou uma velha?

g. Esse garoto com esse incrível penteado é também barbudo? Como isso é possível?

h. Você é capaz de visualizar uma "estrela de cinco pontas" nessa imagem?

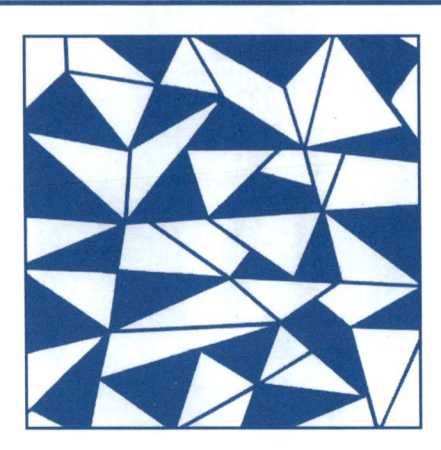

Voltando ao tema, se uma palavra aparecer fora de contexto ela pode provocar ambiguidade, que consiste no duplo sentido do enunciado. Veja o seguinte diálogo:

— Cortei a mangueira.

— Que pena! Eu gostava tanto daquelas mangas.

— Estou falando da mangueira de regar as plantas.

— Ah! Pensei que...

A ambiguidade, porém, considerada como um vício de linguagem, não é gerada apenas pela descontextualização de uma palavra polissêmica. Ela pode ser causada também pelo uso inadequado de um hipérbole, isto é, da alteração da ordem direta dos elementos (sujeito, verbo, complemento ou predicativo) de uma oração. Veja alguns exemplos:

- O filho amava o pai. (Quem amava quem?)
- Eu avisei o estudante que estava doente. (Quem estava doente?)
- Eu peguei o ônibus correndo. (Quem corria, a pessoa ou o ônibus?)

BRILHE 7

Sem dúvida, conhecer o significado das palavras é vital para se expressar corretamente, para poder raciocinar de maneira lógica e elaborar as explicações exatas de suas ideias, sem fantasias ou incoerências. Agora, evitando pressa, responda as seguintes perguntas:

I. Qual palavra difere das demais?
   a) junção;   **b)** cumplicidade;   **c)** sinergia;   **d)** dicotomia.

II. Quixotesco está para excêntrico da mesma forma como evidência está para:
   a) contestação;   **b)** testemunho;   **c)** refutação;   **d)** contradição.

III. Qual palavra difere das demais?
   a) gato;   **b)** dragão;   **c)** serpente;   **d)** canguru;   **e)** peru.

IV. Incoerente está para racional assim como taciturno está para:
   a) macambúzio;   **b)** sorumbático;   **c)** loquaz;   **d)** melancólico.

V. Qual palavra difere das demais?
   a) duplicidade;   **b)** honra;   **c)** probidade;   **d)** integridade.

VI. Qual palavra não combina com as demais?
   a) brilho;   **b)** faísca;   **c)** penumbra;   **d)** resplendor.

VII. Malévolo está para rancoroso assim como separação está para:
   a) fragmentação;   **b)** conjunção;   **c)** solidariedade;   **d)** confluência.

Pois é, muita gente (particularmente alguns escritores...) busca tornar suas mensagens ambíguas para que elas possam ser interpretadas pelos outros, ao seu próprio modo!?!? No ensino da criatividade, desenhos complexos e ambíguos são apresentados aos alunos para estimulá-los e permitir que proponham interpretações diferentes.

Atualmente as pessoas têm várias possibilidades para atender seus desejos e necessidades. Pense, por exemplo, na variedade de marcas de requeijão à disposição dos clientes nas prateleiras do supermercado. **Isso seguramente deixa o consumidor um pouco confuso sobre a melhor opção, não é?**

Agora estão a nossa disposição diversas possíveis "**respostas**" (ou opções) para contratar um serviço ou comprar um produto, se bem que nem todas conduzem as **melhores escolhas** (soluções). Também é grande agora o desafio para se chegar a uma posição coerente sobre os acontecimentos que provocaram um problema.

Basta tomar como um exemplo as várias vacinas que foram oferecidas para que as pessoas não contraíssem *Covid-19*, entre 2021 e 2022, ficando elas bem desorientadas, a ponto de algumas **não quererem se vacinar!?!?** Evidentemente, num mundo abalado pela volatilidade, incerteza e complexidade, isso levou muitas pessoas a ambiguidades, optando inclusive por falsas interpretações!?!?

Uma delas, é muito importante, a que se refere a qual o melhor rumo que se deve dar à carreira profissional. Tomar essa decisão num ambiente ambíguo é um ato de coragem, pois há uma grande probabilidade de erro, porém, mesmo assim as pessoas não podem se omitir!!! E para salientar mais ainda o conceito de ambiguidade, vale a pena pensar nas seguintes frases:

> "A vida é uma eterna ambiguidade que, num dado momento, revela um vestígio de lógica; em outro, parece mais uma confusão caótica."
> – **Alex Andrade**, escritor carioca.

> "Sou uma ambiguidade em pessoa. Posso ser a calmaria e o silêncio de um templo budista..., ou a inquietação e a explosão de uma escola de samba..." – **Waceila Miranda**, especialista em condicionamento físico.

Veja a seguir algumas recomendações quando se está envolvido no mundo VICA.

Para contornar a volatilidade é vital que se tenha um **propósito**, ou seja, que se mantenha uma **constância de objetivo**.

Para se chegar à adaptabilidade e encontrar fluidez num cenário volátil, tanto os seres humanos como as organizações devem ter um **senso de direção** para ser seguida ao longo do tempo, isto é, um sentido de união e permanência, e alinhar-se com um propósito que inspire e permita enxergar claramente o rumo a ser seguido para se alcançar o objetivo.

Propósito pode ser entendido como intenção de fazer algo ao que se propôs. Em seu livro *Por Que Fazemos o que Fazemos*, o notável pensador Mário Sergio Cortella afirmou: "Uma vida com propósito é aquela na qual eu entendo as razões pelas quais eu faço o que faço, e claramente deixo de fazer o que não faço."

O **propósito** deve ser entendido assim como algo que você ama fazer e o que nos faz entrar em *flow* – um estado otimizado de motivação intrínseca – que acontece quando estamos realizando algo do que realmente gostamos. Claro que propósito é diferente de **missão de vida**, algo que pode ser compreendido como a nossa razão de ser, o papel que exercemos no tempo presente e exerceremos no futuro.

E no caso de uma empresa também existe uma certa confusão entre o que vem a ser sua **missão** e seu **propósito**, isso sem contar o que vem a ser a sua **visão**. De uma forma simples, pode-se dizer que a **visão** é aonde a empresa quer chegar, a **missão** é o que ela faz para conseguir isso, e o **propósito** é o porquê ela faz o que faz!!! A função da declaração de propósito é dar às pessoas um significado para o trabalho que fazem numa empresa. Nela está sempre evidenciada a "**razão**" pela qual elas devem se engajar; elas devem sentir que seu trabalho irá contribuir com a sociedade para se ter **um mundo melhor**. Sem dúvida, quem tem um propósito tem como enfrentar a volatilidade, **não é mesmo**?

Já para encarar melhor uma **incerteza** é imprescindível ter uma visão ampla. No dicionário informal o termo "**visão ampla**" é definido como característica de uma pessoa que "**enxerga além**", ou seja, que a partir de sua sabedoria de vida é capaz de prever que algo possa acontecer, ciente de que, entre outras coisas, sua experiência passada auxiliará pouco agora para prever o futuro e talvez nem sirva de medida para o que deve ser feito.

Podemos afirmar que essa visão ampla está intimamente relacionada à capacidade de percepção. Ter esse tipo de visão é naturalmente possível, mas exige treinamento e desenvolvimento. Por exemplo, para se ter uma **visão empreendedora** é imprescindível expandir o conhecimento e buscar as soluções viáveis para as questões que possam prejudicar o ato de empreender. Além disso, a pessoa precisa ser **criativa**, **corajosa**, **consistente** e **confiante**.

Por sua vez, para enfrentar a complexidade é essencial ter **agilidade**. Por enquanto é importante destacar que no mundo do trabalho o ágil não significa propriamente fazer algo rapidamente, mas tem mais a ver com a tomada rápida de decisões!!! Finalmente, para se defrontar bem com a ambiguidade, o que é necessário é a boa **comunicação**.

Uma boa comunicação depende dos **6Cs**, isto é: **clareza, concisão, completeza, confiabilidade, correção** e **cortesia**. A comunicação é a chave para se lidar de foram consistente com um contexto ambíguo, no qual mais de uma interpretação é sempre possível, sem que exista uma resposta necessariamente certa e outra errada!?!?

Aliás, as próprias agências reguladoras de alguns países (inclusive as do Brasil...) recentemente têm tomaram decisões inconsistentes e mudado de posição com frequência, como aconteceu no combate à *Covid-19*. E de fato, quando uma resposta recai no "depende", não há caminho melhor para se alcançar fluidez no trabalho que focar na comunicação e no compartilhamento do conhecimento.

Para concluir, deve-se ressaltar que para sobreviver e ser capaz de progredir no mundo VICA, uma pessoa precisa ter as seguintes competências:

1ª) **Ser um solucionador de complexidades**, usando para isso especialmente o pensamento criativo.
2ª) **Desenvolver adaptabilidade proativa**, identificando todas as oportunidades para fazer melhor.
3ª) **Praticar agilidade não apressada**, valendo-se de um planejamento que inclua a compreensão dos riscos e dos impactos provocados pelas ações tomadas.
4ª) **Reeducar-se sem parar**, mantendo-se no papel de eterno aprendiz.
5ª) **Assimilar a cultura digital**, fazendo uso inteligente da mídia eletrônica e dos diversos recursos digitais.

Naturalmente, além dessas competências ninguém pode esquecer que, doravante, precisará:

1. Fazer melhor com menos.
2. Demonstrar **empatia multifocal** (compreendendo que cada pessoa envolvida numa questão pode ter uma visão, desejos e necessidades radicalmente distintas dos demais participantes).
3. Desenvolver **resiliência evolutiva** (aprendendo com os atropelos ao enfrentar novos desafios, conseguindo tornar-se melhor do que era antes, após cada tombo...).

4. Transformar-se num adepto da **cocriação e prototipagem rápidas** (para construir coisas novas, conectando-se com outras pessoas).
5. Liderar por meio de **propósitos** (fomentando causas de valor).

BRILHE 8

Veja a seguir um "mapa" com 11 estrelas. Você é capaz de traçar 5 linhas retas, de forma sequencial, e formar uma nova grande estrela de cinco pontas, de tal maneira que confine seis das estrelas (em áreas não do mesmo tamanho) e que as outras cinco fiquem isoladas fora da mesma.

CAPÍTULO 4

ENTENDENDO A 4ª REVOLUÇÃO INDUSTRIAL

O conceito de **Indústria 4.0** – que representa a **4ª Revolução Industrial** – foi desenvolvido pelo economista, engenheiro e mestre em administração pública o alemão Klaus Schwab, responsável pela criação em 1971 do Fórum Econômico Mundial, um evento de grande magnitude, realizado em Davos, na Suíça, na qual são discutidas decisões políticas e econômicas de repercussão global.

Vale a pena recordar que a **1ª Revolução Industrial** surgiu historicamente na Inglaterra nas últimas décadas do século XVIII, mudando o paradigma mundial ao acelerar os processos de manufatura que até então eram **totalmente artesanais**. Passou-se a produzir mais o ferro com novos processos, a usar energia a vapor, ocorreu o desenvolvimento de máquinas, a substituição da madeira e outros biocombustíveis pelo carvão. Como resultado, os britânicos tornaram-se os residentes da principal potência mundial por conseguir no período de 1760 a 1850 produzir de maneira muito **mais barata** e **rápida** itens nos mais diversos setores.

A **2ª Revolução Industrial** iniciou-se na 2ª metade do século XIX (entre 1850 e 1870), e terminou no fim da 2ª Guerra Mundial (1939-1945), tendo como protagonistas principais a eletricidade, a química, o petróleo e o aço. Esse período foi marcado por diversos eventos importantes:

1º) Massificação da manufatura e do desenvolvimento de tecnologias que permitiram a difusão das comunicações pelo rádio, pela telefonia e pela televisão.

2º) Construção de aviões.

3º) Enlatamento da comida.

4º) Refrigeração mecânica.

5º) Surgimento das primeiras técnicas de automação.

6º) Entrada da Alemanha e dos EUA para o seleto grupo de potências industriais, até então formado por França, Reino Unido e Itália.

A **3ª Revolução Industrial**, chamada mais tarde **Revolução Informacional (ou Digital)**, abrange o período entre 1950 e a 1ª década do século XXI, durante o qual a eletrônica se destacou na verdadeira modernização da indústria. Para alguns estudiosos, a 3ª Revolução Industrial começou nos EUA e em alguns países europeus, quando a ciência descobriu a possibilidade de se utilizar a energia nuclear ou atômica, isto é, aquela liberada numa reação nuclear. Para outros, ela teve início por volta de 1970, com o "descobrimento" da robótica, que passou a ser empregada na linha de montagem de automóveis.

Porém, há um terceiro grupo de especialistas que defende que a 3ª Revolução Industrial começou de fato a partir dos anos 1990, com a ampla utilização do computador pessoal e da Internet. Vale lembrar que os **computadores** passaram por grande evolução, em especial nas décadas de 1960 e 1970, até que em 1977 foi lançado o primeiro **microcomputador**, como os conhecemos hoje: o **Apple II**.

Os computadores permitiram um incrível aumento na velocidade para se realizar qualquer desenvolvimento científico, o que possibilitou avanços revolucionários em todas as áreas, desde a manipulação atômica até a tecnologia espacial. Nas últimas décadas houve uma significativa mudança de sistemas analógicos e mecânicos para sistemas digitais, um resultado direto do enorme aprimoramento dos computadores, dos *smartphones* e da TIC.

E chegamos então à **4ª Revolução Industrial**. O termo **Indústria 4.0** originou-se de um projeto estratégico de alta tecnologia do governo alemão, que promoveu a informatização da manufatura a partir de 2012. Klaus M. Schwab esteve no Brasil em março de 2018, quando lançou o seu livro *A Quarta Revolução Industrial*, e declarou:

"A industrialização atingiu uma quarta fase, que está novamente transformando a maneira como viveremos, trabalharemos e nos relacionaremos. Ela não é definida por um conjunto de tecnologias emergentes em si mesmas, mas como uma transição rumo a novos sistemas que foram construídos sobre a infraestrutura digital. As tecnologias que fazem parte do conjunto da Indústria 4.0 não estão restritas aos universos da nanotecnologia, da neurotecnologia, da robótica, da biotecnologia, do armazenamento de energia, da inteligência artificial (IA) etc.

Mesmo quem não trabalha diretamente nas indústrias inteligentes e automatizadas terá sua vida bem impactada pela 4ª Revolução Industrial. Estamos atualmente experimentando novas formas de consumo, maneiras particulares de se relacionar com produtos (serviços) e, como consequência, com outras pessoas.

Novos trabalhos estão substituindo antigos, que, aliás, estão sendo eliminados de forma assustadora. A Internet das Coisas (IdC), a robótica, a IA etc., são inovações que provocarão mudanças práticas significativas na vida das pessoas, e a **automação** invadirá cada vez mais as nossas casas. De fato, a onipresença dos *smartphones* já está facilitando imensamente a execução de diversas tarefas cotidianas.

Ainda é bem cedo para prevermos todos os impactos que serão causados pela 4ª Revolução Industrial, mesmo assim já é possível afirmar que em alguns anos a nossa vida será **muito diferente** do que é hoje – assim como ela já é muito distinta do que era há uma década. A Revolução 4.0 é, portanto, uma mudança de paradigma, não apenas mais uma etapa de desenvolvimento tecnológico."

Uma vez que o foco da 4ª Revolução Industrial está na melhoria da **eficiência** nos processos e da **produtividade**, isso levou ao surgimento das chamadas "**fábricas inteligentes**", com estruturas modulares e sistemas ciberfísicos que monitoram os processos físicos, criando uma cópia virtual do mundo físico e tomando decisões descentralizadas. Nessas fábricas inteligentes muitos dos postos de trabalho tradicionais simplesmente desapareceram, porém, diversas novas oportunidades surgiram, com a nova interação entre homem e máquina.

A Indústria 4.0 se valeu de muitas novas tecnologias, dentre as quais estão:

- **Automatização e robotização** – É óbvio que a grande preocupação com a eficiência dos processos que se desenvolveu na 3ª Revolução Industrial se manteve na 4ª Revolução. Claro que as **transformações digitais** envolveram mudanças procedurais em vários ambientes e houve modificações de paradigmas da utilização das tecnologias.

Isso sem dúvida provocou toda essa expansão da **automatização** e/ou **automação**, que aliás não são exatamente a mesma coisa!!!

Inicialmente deve-se dizer que automação é um aportuguesamento da palavra inglesa *automation* (a outra interpretação é que ela vem do grego *autómates*, cujo significado é "**mover-se por si só**"), enquanto automatização deriva da palavra automatizar. A engenheira de produção Bruna Amaral Castro explicou:

"A automação é um termo que se refere a mecanismos autorreguláveis, ou seja, são ferramentas sem a necessidade de interferência humana – hoje bem comuns na indústria – isto sendo feito com o apoio de um sistema *big data analytics* (processo de extração, organização, processamento e análise de um grande conjunto de dados e/ou informações).

Já na automatização, os sistemas precisam de interferência humana para se realizarem as correções."

Para demonstrar claramente a diferença entre automação e automatização basta compararmos um aparelho de ar-condicionado com um ventilador. O ar-condicionado vai regulando a temperatura do ambiente a partir das medições que o próprio sistema faz, sem que você precise ficar corrigindo, o que representa **automação**. Já o ventilador precisa frequentemente ser regulado (sua velocidade) de forma manual, o que exemplifica a **automatização**.

COMO É, PERCEBEU A DIFERENÇA?

E por que se investe tanto em automação e automatização?

Para obter vários benefícios, dentre os quais estão:

- Otimização do tempo de produção.
- Obtenção de melhor qualidade.
- Diminuição dos erros humanos.
- Redução de custos.
- Aumento da segurança.

A **robotização**, por sua vez, é um processo que envolve a substituição de seres humanos por robôs na execução de tarefas, representando um dos pilares mais inovadores – e polêmicos – da Indústria 4.0. Apesar de existirem muitos debates sobre o impacto social gerado por esse processo, ou seja, o **desemprego** provocado pela perda dos postos de trabalho antes ocupados por pessoas, são indiscutíveis as vantagens e os benefícios fornecidos pela robotização, destacando-se especialmente o **aumento da produtividade** e a **drástica diminuição do impacto do absenteísmo**.

É cada vez maior a presença de robôs em todas as atividades que outrora eram realizadas por seres humanos.

E agora os robôs industriais já não são apenas braços articulados com ferramentas específicas em suas extremidades (garras, aplicadores, medidores etc.) com controle de seu movimento tridimensional. Nos últimos anos, com o avanço tecnológico da **robótica** – ciência que estuda as tecnologias associadas à concepção e construção de robôs, mecanismos automáticos que utilizam circuitos integrados para realizar atividades e movimentos humanos, desde os mais simples aos mais complexos – chegaram os **robôs colaboradores**!!!

Em 2015, a então chanceler da Alemanha, Angela Merkel, numa visita ao Japão "encontrou-se" com o robô Asimo, da Honda, mas infelizmente o "humanoide" falhou no momento de apertar sua mão...

Esses robôs são projetados para trabalhar sinergicamente com os seres humanos, sem enclausuramento. Eles compartilham o mesmo ambiente com pessoas, otimizando operações repetitivas que necessitam de maior esforço ou energia, e/ou precisam de maior especificidade. Um tipo de robô industrial muito utilizado é o veículo autoguiado [*automated guided vehicle* (AGV)], que se desloca entre pontos programados de forma autônoma, possuindo visão computacional, imã, laser etc.

Mas hoje os robôs não são feitos somente de *hardware* (dispositivos físicos). De fato, os que estão em desenvolvimento agora se baseiam cada vez mais nos *softwares* (programas com procedimentos/instruções que determinam seu funcionamento) para a execução de tarefas repetitivas. Foi a automação robótica do processo [*robotic process automation* (RPA)] que deu origem ao **robô virtual**, aquele em forma de *software* executado numa máquina (física ou também virtual). Aliás, a RPA é muito útil nos sistemas de inteligência de negócios [*business intelligence* (BI)], que se utiliza de IA para a tomada de decisões automáticas, o que será explicado mais adiante.

Vivemos numa época em que, com frequência, o telefone toca, o número é desconhecido e ao atendermos ouvimos uma voz dizer algo do tipo: "**Olá, sabia que a promoção do dia foi totalmente dedicada a você?**" Nesses casos nós nem deveríamos dizer "**alô**", apenas "**O que quer, robô?**" Algo fantástico, entretanto, é que os robôs agora já sabem muito sobre a gente, ao ponto de terem se tornado opinativos, sugestivos, polêmicos e até mesmo influentes – **tanto para o bem quanto para o mal**!!!

Graças ao contínuo e progressivo desenvolvimento da IA, surgiram algoritmos que se "**alimentam**" não apenas do que dizemos, mas do que fazemos. Isso tem orientado os robôs a encontrar as formas mais propícias para conquistar nossa atenção e, frequentemente, sugerir-nos ações!?!? Pois é, quem imaginaria que a evolução da tecnologia permitiria aos robôs "hackearem" os seres humanos? Porém, graças a essas máquinas se tornou possível ampliar o horizonte dos nossos desejos e necessidades!!!

Atualmente muitas empresas poderosas, entre elas a Google, estão apostando cada vez mais nos robôs, desenvolvendo dispositivos que podem executar movimentos semelhantes aos feitos pelos seres humanos. Aliás, uma coisa fantástica aconteceu no intervalo do jogo de basquete entre as seleções da França e dos EUA, no dia 25 de julho de 2021 (surpreendentemente vencido pelos franceses), durante os Jogos Olímpicos de Tóquio. Na ocasião, a Toyota apresentou seu **"robô cestinha"** (com cerca de 2m). Para deleite dos espectadores, dos 10 arremessos de três pontos realizados, ele acertou 9 (uma eficiência de 90%), sendo muito mais preciso que os jogadores envolvidos na partida!?!?

Apresentação do "robô-cestinha" da Toyota.

Hoje o que está sendo mais desenvolvido são os **robôs humanoides**!?!? Esse tipo de robô, cuja aparência geral imita a forma do corpo humano, tem condição de interagir com ferramentas e ambientes preparados para a presença humana. Em geral eles possuem um tronco com "cabeça", dois "braços" e duas "pernas", embora em alguns casos eles possuam apenas uma parte do corpo – a de cima, por exemplo!?!? Alguns deles contam até mesmo com "rosto" (frequentemente bem bonito), com "**olhos**" e "**boca**"!!!

A palavra **androide** – já bastante empregada nos filmes de ficção científica – é um termo utilizado para designar qualquer dispositivo automatizado semelhante ao homem, enquanto o vocábulo **ginoide** é o termo técnico usado em referência a robôs com forma feminina. Nesses últimos anos porém prevaleceu o uso da denominação androide, qualquer que seja a sua semelhança, tanto com um homem ou com uma mulher.

Atualmente já existem muitos robôs humanoides usados entre outras coisas para a entrega de produtos, em especial em alguns hotéis e restaurantes sofisticados, porém, o que de certa forma tem assustado (!?!?) é o sucesso que estão fazendo os robôs sexuais ou eróticos, como os recentemente criados pela *startup* Abyss Creations, dos EUA, que são tanto femininos como masculinos!?!? Esses androides têm um "cérebro", ou seja, um processador central que lhes permite piscar, conversar e até murmurar palavras gentis e amorosas.

O fundador da Abyss Creations, Matt McMullen, explicou: "Eles não se prestam apenas ao sexo, mas também a oferecer companhia para as pessoas. Assim, parte da experiência que oferecemos aos clientes, em especial os solteiros e os que vivem sozinhos, é de não encontrar a casa '**vazia**' ao retornarem para ela após um dia longo de trabalho."

E essa não é apenas uma realidade dos EUA, do Japão e de vários países da Europa. Em Moscou, na Rússia, no final de 2019, um bordel já cobrava U$ 90 por um encontro de 30 min com um robô (ou "boneco") sexual especial!?!? Mas, se até agora já se aceitou em alguns países que a entrega de produtos seja feita por robôs ou *drones* (palavra inglesa cujo significado é "zangão" e, nesse caso, é usada para definir veículos aéreos não tripulados), pairam ainda sérias dúvidas sobre qual efeito os robôs sexuais podem gerar na sociedade, isto é, se isso vai fortalecer ou dizimar relacionamentos e casamentos.

Infelizmente os *drones* têm sido usados em muitas operações bélicas e também para muitos serviços ilegais. Aliás tiveram uma grande importância na guerra que a Rússia iniciou contra a Ucrânia em 24 de fevereiro de 2022.

Será que no futuro o sexo com robôs – o que pode ser encarado como um fetiche e sobre o qual a pessoa pode ter um controle total – vai se tornar um **novo normal**? Isso seria **inimaginável** até há pouco tempo, mas agora é real, **não é**?

Você acha essa uma opção criativa para ter uma "companheira virtual"?

BRILHE 9

Galileo di Vincenzo Bonaulti de Galilei (1564-1642), mais conhecido como Galileo Galilei, polímata e "pai da astronomia observacional", destacou: "A matemática é o alfabeto com o qual Deus escreveu o universo."

Por causa disso, precisamos apreciar muito tudo o que se consegue fazer com a matemática, pois **os números governam nossas vidas**... Há números aterrorizantes e outros extremamente inspiradores!!! Na China, por exemplo, os nativos **não gostam do número 4**, pois foneticamente o som da palavra "**quatro**" é semelhante ao som da palavra "**morte**". Por conta disso, os chineses evitam utilizar esse número em senhas, no celular, para definir sua residência etc. Muitos chineses não comemoram o aniversário de 4 ou 44 anos!?!?

Já o **número 8** é adorado e amado por todos os chineses, pois representa **sorte**, **prosperidade** e **sucesso**, a **perfeita simetria**, o **infinito** (se bem que na cultura ocidental também se acredita nisso...). O som da palavra "oito" na língua falada pelos chineses – o mandarim – é semelhante àquele da palavra **prosperidade** ou **fortuna**. Não foi por acaso que os Jogos Olímpicos de Beijing (Pequim) tiveram sua abertura no dia **8 de agosto** (**mês 8**) de **2008**, às **8 h e 8 min.**

Quando os chineses podem escolher o dia para a inauguração de um negócio ou o nascimento dos filhos, esse dia é o 8. Na China, um telefone, uma placa de carro, o número da casa que tem o 8 entre seus dígitos tem o seu valor inflacionado. Na numerologia o número 8 carrega o significado de renascimento, renovação, regeneração, equilíbrio e justiça, representando também **mediação** e **ponderação** para lidar com questões simples ou complexas.

Pessoas ligadas a esse número são determinadas, esforçadas, focadas, éticas e justas. Isso favorece a carreira profissional, já que são também materialistas, ambiciosas e possuem sede de poder e prestígio. Dá para acreditar nisso, já que essas características tanto podem favorecer como prejudicar uma pessoa!?!?

Se você se encantou com o número 8, é hora de um desafio: de quantas maneiras diferentes é possível chegar ao número 1000 utilizando exatamente oito vezes apenas o dígito 8, e recorrendo somente às quatro operações matemáticas da aritmética?

A INTERNET DAS COISAS (IDC)

A Internet das Coisas (IdC), do inglês *Internet of Things* (IoT), não é apenas uma nova tecnologia, mas de fato uma nova era em que todos os objetos serão capazes de capturar, receber, transmitir, armazenar, processar e enviar informações e, eventualmente, agir por e para nós dentro de determinados contextos, dando orientações, exercendo o papel de assistentes virtuais inteligentes ou inclusive tomando decisões!!!

A IdC começou a tomar forma por volta de 2010. Até então, a maioria dos objetos ou produtos ao nosso redor costumava ficar isolada e não conectada a Internet ou a qualquer outra rede. Todavia, a evolução dos circuitos integrados passou a conferir aos objetos capacidade de **processamento** e **comunicação** e, dessa combinação surgiram **produtos inteligentes**.

Na realidade a IdC é uma imensa rede de coisas e pessoas conectadas, que coleta e compartilha dados sobre a maneira como são utilizados os dispositivos e o ambiente ao seu redor. Cada vez mais as organizações de diversos setores usarão a IdC para compreender melhor seus clientes e operar com mais competência, oferecendo serviços mais aprimorados e tomando decisões mais rápidas.

A Indústria 4.0 concentrou-se nas linhas de produção ou conversão, em cada parte do processo, usufruindo de um sistema automatizado que permite que uma empresa possa obter ou capturar em tempo real informações de como um equipamento está funcionando e, ao mesmo tempo, tendo acesso a detalhes exatos como velocidade de operação, produção esperada *versus* realizada, interrupções no funcionamento, entre outras coisas.

Dessa maneira, um sistema dotado de IdC permite a rápida identificação de falhas, fazendo uso de diversos **sensores inteligentes**, ou seja, dispositivos capazes de gerar uma representação correta das quantidades medidas e/ou controladas. Resumidamente, esses sensores inteligentes recebem um estímulo externo do ambiente em que se encontram, captando dados relacionados a esse estímulo e os processam para obter informações relevantes.

Um dos métodos computacionais utilizados para realizar o processamento dos dados é o que se fundamenta em **redes neuronais artificiais**, relacionado também ao conceito de **aprendizado de máquina** (que será abordado mais adiante), e se inspira no neurônio animal.

Um exemplo de integração de sensores inteligentes a aparelhos eletrônicos é o caso dos *wearables*, como pulseiras e relógios inteligentes. Neles o processamento acontece por meio dos movimentos realizados pelo usuário, sendo possível, por exemplo, contabilizar seus passos e convertê-los em número de calorias "queimadas" pelo organismo nos metros percorridos!!!

Estima-se que até 2025 haverá no mundo algo próximo de 120 bilhões de objetos conectados à Internet, gerando um impacto de US$ 15 trilhões na economia. Tudo indica que em pouco tempo, **nada mais será como antes!?!?** E para que a IdC evolua em nosso País é necessário que se implante logo a quinta geração da conectividade, ou seja, o 5G, com potencial de velocidade de 1.000 Mbps, o que deve começar a acontecer a partir de 2022.

E isso será uma realidade no Brasil, pois o leilão de exploração e oferta de Internet 5G foi realizado em 4 de novembro de 2021, rendendo R$ 46,7 bilhões, quando quatro faixas de frequência foram leiloadas. A Internet 5G permitirá uma Internet 20 vezes mais rápida que o 4G. É essa velocidade que permitirá a utilização de um volume maior de dados transmitidos por muito mais aparelhos ou equipamentos, como: automóveis, geladeiras, semáforos, leitos de hospitais, marcapassos, postes de iluminação, recipientes de lixo, televisores, maquinário industrial etc., e obviamente alguns bilhões de *smartphones*.

INTELIGÊNCIA ARTIFICIAL (IA)

Bem, uma definição simples de IA é: "Um campo das ciências da computação, no qual máquinas realizam tarefas, como aprender e raciocinar, assim como faz a mente humana."

De um modo mais amplo a IA representa um conjunto de *softwares*, lógica, computação e disciplinas filosóficas cuja finalidade é fazer com que computadores (e outros dispositivos eletrônicos) executem funções que eram consideradas até então como **exclusivamente** humanas, como perceber o significado em uma linguagem escrita ou falada, aprender, reconhecer expressões faciais e assim por diante.

Os especialistas Andreas Kaplan e Michael Haenlein definiram IA como: "É a capacidade de um sistema para interpretar corretamente dados externos, aprender a partir desses dados e utilizar essas aprendizagens para atingir objetivos e tarefas específicas através de uma **adaptação flexível**."

O principal objetivo dos sistemas de IA, é desempenhar funções que, caso um ser humano fosse executar seriam consideradas inteligentes, como por exemplo ter **capacidade de inferência**, ou seja, de tirar conclusões a partir de um conjunto de dados (ou informações).

Hoje na IA temos uma combinação de grande capacidade computacional, recepção de muitos dados e algoritmos que permitem aos computadores realizarem tarefas impensáveis há apenas uma década. Está ocorrendo uma **expansão exponencial** da tecnologia e dos algoritmos – sequência de passos ou ações para se chegar a um único e preciso resultado – e muita coisa **surpreendente** e **inovadora** acontecerá graças a IA nos próximos anos, abalando significativamente os negócios e a sociedade.

Pense que há pouco mais de 10 anos atrás era quase impraticável interagir com algum dispositivo eletrônico utilizando nossa linguagem natural. Hoje, entretanto, as pessoas podem fazer isso, contando, por exemplo, com seus *smartphones* e por meio de diversos assistentes digitais, como Siri, da Apple; Google Assistent, do Google; Cortana, da Microsoft; Alexa, da Amazon, etc.

Reflita, prezado(a) leitor(a), sobre a colaboração (ajuda) que hoje você consegue receber do seu celular – do seu assistente digital. Ele é capaz de fornecer quase todas as respostas para suas perguntas; ele consegue acessar seus *sites* preferidos, conferir seu saldo bancário e apresentar antecipadamente informações sobre seus tópicos favoritos. **E não esqueça que ele vai aprendendo com você!?!?**

Hoje, milhões de aplicativos (*apps*) diferentes, muitos deles extraordinários – como é o caso do já mencionado Waze – estão presentes nos bilhões de *smartphones* espalhados pelo planeta. Eles representam os exemplos mais concretos, evidentes e populares de serviços baseados na IA. Nas grandes empresas e nas *startups* com mais recursos, usa-se por exemplo a plataforma de serviços cognitivos Watson, da IBM, que foi apresentada pela empresa, em caráter mundial em 2011.

Com modelos bem avançados de IA, essa plataforma atende clientes nos mais diversos setores (saúde, finanças, gastronomia etc.). A plataforma Watson utiliza mais de 100 técnicas diferentes, o que lhe permite analisar a linguagem natural, tratar e validar dados, localizar e marcar evidências úteis, por exemplo para a segurança de uma empresa, fazer previsões meteorológicas, organizar imagens, vídeo e áudios, simplificar muito o trabalho dos profissionais de *marketing*, descobrir o melhor estilo de aprendizado de cada aluno e auxiliar em muitas outras situações...

Em seu livro *Planejamento de Marca no Ambiente Digital* (DVS Editora), Felipe Morais, professor e especialista em planejamento digital, destacou:

"Estou desenvolvendo projetos usando a plataforma Watson, que é de enorme utilidade, se bem que ainda acho que é o nosso cérebro que é capaz de interpretar os dados de uma forma diferente, graças ao seu pensamento criativo."

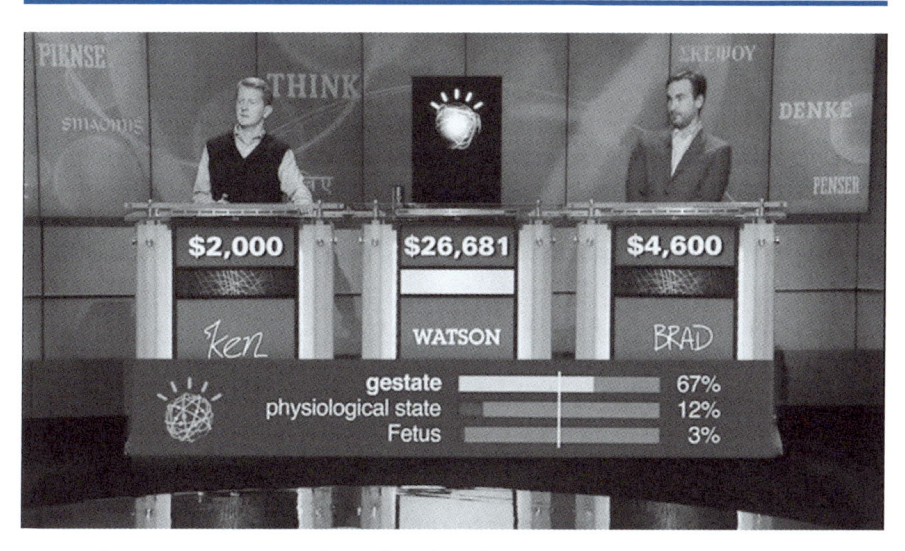

Ninguém consegue ganhar da plataforma Watson nos concursos de debate, o que evidencia claramente que, aos poucos, a IA está superando os seres humanos...

Com a IA, tornou-se possível realizar milhares de tarefas bem complexas no controle dos robôs mais avançados usados em várias indústrias, nos laboratórios de pesquisas, nos carros autônomos, nos *drones*, nos satélites de comunicação etc. Foi sem dúvida a IA que auxiliou as diversas empresas farmacêuticas de maneira significativa para a criação de tantas vacinas contra o *Covid-19* em um tempo recorde!!!

Atualmente já é possível fazer muitos **trabalhos criativos** com a ajuda da IA, como é o caso do desenvolvimento de novos perfumes. Muitas empresas passaram a fazer entrevistas para **selecionar candidatos a emprego à distância**, valendo-se para isso de um serviço prestado por algumas *startups* que desenvolveram métodos fundamentados em IA.

Por outro lado, algumas profissões sofreram declínio por conta da IA, sendo que a mais afetada pela automação de processos foi a de atendente de *telemarketing*, com a substituição maciça dos seres humanos por robôs: os *chabots* (*softwares* que permitem a execução automatizada de rotinas de atendimento e vendas), que se tornaram uma realidade!!!

Entre os mais incríveis avanços da IA estão os conseguidos pela empresa norte-americana sem fins lucrativos Open AI, que desenvolveu o GPT-3, considerado o mais poderoso sistema de IA criado até o início de 2021, baseado em "aprendizado de máquina" (**machine learning**).

O GPT-3 possui a capacidade de escrever diversos tipos de gêneros textuais com uma qualidade incrível, não devendo nada a um trabalho similar elaborado por um ser humano. Claro que isso parece o início do fim do trabalho de muitos jornalistas e escritores (meus inclusive...), **não é?**

O GPT-3 analisou textos de diferentes fontes, como blogues, livros, *sites* e artigos na *Wikipédia* e a partir do que estava escrito nesses materiais conseguiu estabelecer **padrões**. Após meses de treinamento, o sistema GPT-3 mapeou **175 bilhões de parâmetros** que possibilitaram identificar um padrão ou estilo de escrita. Essa enorme quantidade de dados que o sistema possui atualmente lhe possibilitou **aprender** as muitas nuances de escrita, e não apenas criar textos "originais", mas inclusive de emular estilos, **como se fosse um iniciante replicando o mestre**!!!

Naturalmente, uma ferramenta como essa pode ser usada para a análise de documentos jurídicos, produção de textos nos contextos mais diversos e no aprofundamento de sistemas de buscas. No entanto, assim como em qualquer outra evolução tecnológica, muitos riscos e diversas preocupações sociais e éticas estão ligadas com a atuação do GPT-3!?!?

Devido à sua capacidade de assimilar um vasto banco de dados com conteúdos diversos o GPT-3 está apto a aprender também muito sobre conteúdos de ódio, como xenofobia, racismo, machismo, homofobia etc., e ser usado para elaborar uma quantidade avassaladora de textos sobre esses temas, estabelecendo muitos conflitos...

BRILHE 10

Como você interpreta o desenho abaixo feito em 1948 pelo holandês Maurits Cornelis Escher (1898-1972), que se tornou um artista gráfico extremamente original, apesar de ter sido um aluno bem medíocre.

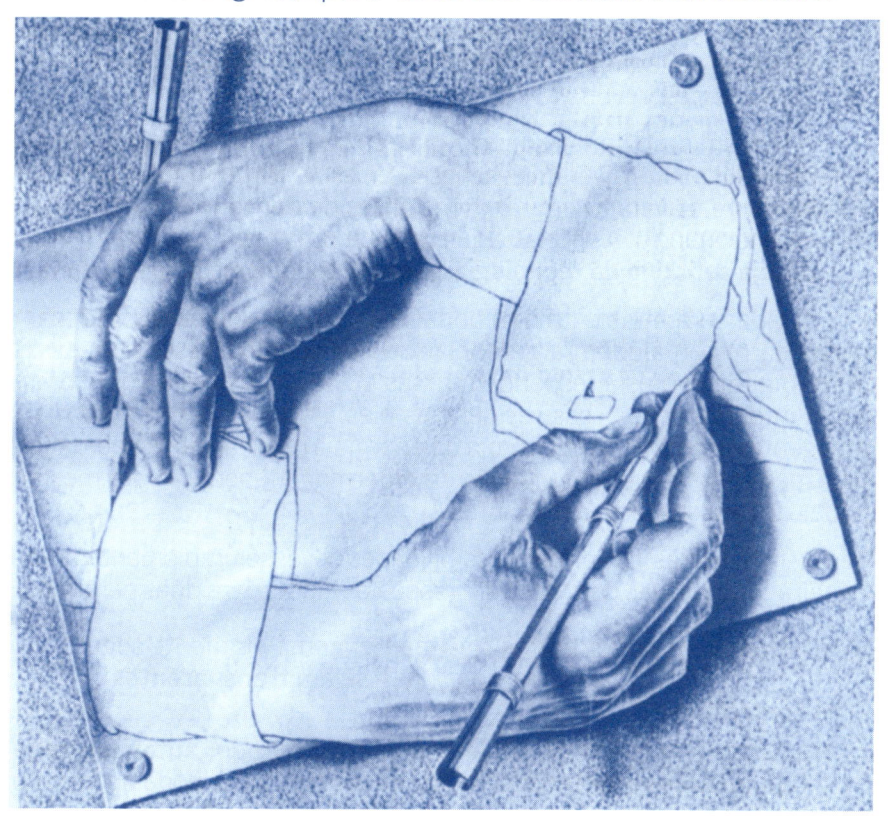

Alarmistas já começaram a antecipar que o sistema GPT-3 é o caminho para se chegar a uma **IA geral**, ou seja, algo capaz de desenvolver **consciência e inteligência no nível de um ser humano**!?!? Todavia, muitos especialistas no assunto também já se manifestaram e explicaram que a **lacuna** entre o GPT-3 e uma **IA geral** ainda é muito grande, pois apesar de toda a sofisticação do sistema, **ele próprio não sabe o que escreve**!?!?

Mas será que isso é suficiente para acabar com o nosso **medo**!?!? Vale destacar que na expressão IA, o substantivo evoca o **melhor** dos seres humano – nossa **inteligência** –, enquanto o adjetivo nos provoca **grande medo** – **artificial**. É daí que vem o grande temor do ser humano, ou seja, de que a IA não somente rivalizará com o *Homo sapiens*, mas que eventualmente poderá **destruí-lo**!!!

Não foi por acaso que em seu livro *Vida 3.0 – O Ser Humano na Era da Inteligência Artificial* (eleito pela revista *Time* como livro do ano de 2018), o professor Max Tegmark, do Massachussetts Institute of Technology (MIT), dos EUA, escreveu:

> "A IA é um novo limiar que traz para os seres humanos várias novas possibilidades e diversos desafios!!! Por isso seria conveniente discutir bastante e avançar em reflexões antes de dar todo o poder a essa nova tecnologia. A pergunta que deve ter uma resposta clara é: **'Você deseja ser dono da tecnologia ou que a tecnologia seja sua dona?'**"

Sem dúvida será muito útil que no futuro os sistemas de IA conduzam nossos carros ou ajudem a gerenciar nossos compromissos com assistentes digitais, aptos a responder nossas dúvidas!!! A medida que forem sendo integrados a nossas residências eles as tornarão cada vez mais inteligentes, permitindo economia de energia e redução de desperdícios, em especial de alimentos... Robôs de enfermagem poderão até mesmo cuidar de pessoas idosas e doentes!!!

Porém, todas essas vantajosas possibilidades dever ser implementadas de maneira responsável, com base em respostas claras para duas perguntas:

1ª) É possível para o ser humano se manter completamente seguro de que os algoritmos envolvidos na IA sejam **transparentes e controláveis**?

2ª) Há riscos de que a IA eventualmente seja capaz de "**autorizar-se**" a tomar decisões que envolvam **vida ou morte**, como pode ocorrer no uso dos *drones*?

Tanto as pessoas (sociedade) como as empresas que valorizam o uso da IA devem ter respostas bem convincentes para as questões formuladas há pouco, para que inclusive não cheguem à beira da sua destruição, visto que a IA também já está sendo usada na indústria bélica!?!?

Note o que disse Elon Musk, o bilionário empresário e filantropo sul-africom cidadanias canadense e norte-americana (eleito pela revista *Time* como "**pessoa do ano**" de 2021, que planeja em breve colonizar Marte) sobre o "**perigo representado pela IA**": "Os avanços em IA, no meu modo de ver, poderão ser a causa de uma 3ª Guerra Mundial, o que é extremamente assustador!!!"

Neste livro não temos nenhuma intenção de exaltar o caos e a destruição, mas não se pode deixar de citar que especialmente os EUA, a China e a Rússia já possuem muitas armas "inteligentes", e continuam investindo muito em outras, pois acreditam que quem estiver na vanguarda dessa corrida tecnológica estruturada em IA conquistará (ou manterá) a liderança no mundo pelas próximas décadas!?!?

APRENDIZADO DE MÁQUINA

De acordo com a *Wikipédia*: "O **aprendizado de máquina [*machine learning* – (ML)]** ou aprendizado automático é um subcampo da engenharia e da ciência da computação que evoluiu a partir do estudo de reconhecimento de padrões e da teoria do aprendizado computacional em **IA**."

Essa aprendizagem de máquina vale-se do estudo e da construção de algoritmos que podem **aprender** com seus erros e fazer previsões sobre dados. Tais algoritmos operam construindo um modelo a partir de um conjunto de dados e informações (*inputs*) amostrais, com a finalidade de fazer previsões ou permitir que se tomem decisões guiadas pelas conclusões obtidas.

Enquanto na IA existem dois tipos de raciocínio: o **indutivo**, que extrai regras e padrões a partir de grandes conjuntos de dados, e o **dedutivo**, no qual se busca testar a verdade das informações existentes (ou apresentadas), o **ML somente** se preocupa com o **raciocínio indutivo**, sendo um campo intimamente relacionado ao da Estatística. Por isso alguns especialistas sugerem a junção de ambos e a adoção do termo **ciência de dados**!!!

Claro que o **ML** tem origem no **IA**, portanto, a IA é a base sobre a qual ele surge e se desenvolve. Mais precisamente, pode-se dizer que o ML faz parte da interface da IA, o que significa que quando entram em contato com as novas fontes de dados, os *softwares* de ML são capazes de aprender, crescer, mudar e desenvolver **novas soluções por si mesmos**!!!

Portanto, o **ML** é uma ferramenta capaz de entregar um relatório com as informações necessárias para que gestores possam tomar melhores decisões e de forma mais rápida, sendo por isso mesmo o motivo pelo qual empresas passaram a investir nisso mais intensamente. Afinal, por mais que o gestor de um negócio saiba quais são os objetivos da organização que administra, ele precisa conhecer de forma contínua e exata o que se passa no mercado, mais especificamente em relação a seus clientes, suas necessidades e possíveis novas oportunidades de negócios.

O avanço da tecnologia digital transformou ou pelo menos alterou muita coisa na forma de agir dos consumidores no tocante ao que compram, como interagem, avaliam e pensam. Com o constante aprendizado de máquina e suas atualizações – o que aumenta o índice de acerto do sistema inteligente – o gestor passa a ter uma maneira para melhorar a eficiência do seu negócio, pois consegue raciocinar de forma mais **ágil** para tomar decisões, e isso inclusive em tempo real!!!

Existem alguns tipos diferentes de ML, como o **supervisionado** (que recebe dados e faz comparações); o **não supervisionado** (que explora as informações por conta própria), e o **por reforço** (baseado em tentativa e erro).

E para complementar não se pode deixar de citar um outro conceito que se confunde com o ML e a IA, que é o de **aprendizado profundo** (*deep learning* – **DL**), no qual se treina computadores para realizar tarefas como se fossem seres humanos, o que inclui reconhecimento de fala, identificação de imagem e previsões. O **DL**, segundo alguns especialistas é um método específico de ML que incorpora redes neurais em camadas sucessivas para aprender com os dados de forma interativa, o que é muito útil quando se quer aprender padrões a partir de dados não estruturados.

Finalizando, um bom exemplo de aplicação de ML em nossas vidas é o uso intenso que fazemos hoje do Google para as mais variadas buscas, o que faz pensar se o Google não **lê os nossos pensamentos**!?!? Algo de que podemos ter certeza, entretanto, é que o aprendizado de máquina aumento bastante a nossa capacidade de chegar a respostas certas para muitas das nossas "dúvidas", e que deu a muitos profissionais o poder de antecipação frente a diversos problemas, e permitir-lhes maior **agilidade** para tomarem decisões apropriadas, antes mesmo que as "dificuldades" apareçam!?!?

BRILHE 11

Uma pausa para você meditar (e rir um pouco...) sobre como é difícil adaptar-se ou aceitar uma nova situação!!!

"Por favor, daria para você parar de perguntar 'quais são as novidades'?".

Viciado "incorrijível"...

"Na riqueza e na pobreza? Espere, vou consultar meu advogado!"

"Manuel, encare esta informação de outra maneira, ou seja, este é o primeiro dia do resto do seu dinheiro..."

BIG DATA (BD)

A **tecnologia digital** tem oferecido muitas possibilidades para a criação de novos recursos. De fato, muitos deles tem sido bastante **aperfeiçoados** e, desse modo, ferramentas que até há alguns anos pareciam viáveis somente em filmes de **ficção científica**, agora se tornaram verdadeiras soluções para várias necessidades das empresas (e das pessoas...), sendo que o *big data* (**BD**) é um exemplo concreto disso!!!

Mas o que é BD?

Em português pode-se traduzir como "grandes conjuntos de dados" ou "megadados", uma área de conhecimento na qual se estuda como tratar, analisar e obter informações e conhecimentos a partir de conjuntos de dados tão grandes que não podem ser analisados pelos métodos tradicionais!!! O conceito de BD surgiu em 1997 e abrange conjuntos de dados que se fundamentam em **3Vs**: eles chegam em grande **volume** e **variedade**, e precisam ser analisados com enorme **velocidade**!!!

De fato, por meio dos *softwares* utilizados, a BD agrupa uma gigantesca quantidade de dados gerados a cada momento de nossas vidas (*e-mails*, fotos, vídeos, outras mensagens etc.). Como as fontes de dados estruturados e não estruturados são muito variadas, isso aumenta bastante a complexidade das análises que precisam ser feitas.

Mas apesar do grande **volume** e da **variedade de dados**, todo o processamento deve ser ágil para que gere as informações necessárias em tempo hábil. Assim, BD analisa os dados no instante em que são criados (um bom exemplo são as transações com cartão de crédito), com grande **velocidade** e sem precisar armazená-las!?!?

A medida que o BD foi evoluindo, ele passou do modelo 3Vs para o modelo 7Vs, tendo sido acrescidos:

- **Veracidade** – Obviamente os dados devem ser verdadeiros – apesar de estarmos vivendo numa época em que somos bombardeados por *fakenews* ("**notícias falsas**") – pois as conclusões tiradas de sua análise precisam estar corretas!!!
- **Volatilidade** – Esse é um dos grandes desafios atuais de BD, pois os fluxos de dados apresentam picos periódicos que variam de acordo com as tendências.

- **Valor** – É óbvio que não adianta praticamente nada ter acesso a uma grande quantidade de dados e não poder extrair deles novos *insights* (percepções ou discernimentos) que nos agreguem **valor**, **não é mesmo?**
- **Visualização** – É fundamental que os dados possam ser apresentados de forma compreensível e acessível, do contrário não se poderá tirar proveito do que for analisado!?!?

No livro *Social Physics: How Good Ideas Spread – The Lessons from New Science* (*Física Social: Como as Boas Ideias se Espalham – Lições da Nova Ciência*, em tradução livre), o autor e cientista norte-americano de computação, cofundador do Media Lab do MIT, Alex Paul Pentland, destacou: "O BD terá para o estudo do comportamento humano a mesma importância que teve o telescópio para os astrônomos."

Na mesma obra ele também enfatizou que ao processar uma grande quantidade de dados digitais deixados pelas pessoas no rastro de suas atividades cotidianas, os cientistas sociais poderão identificar não apenas os padrões de comportamento delas, como ainda monitorá-las e influenciá-las, com o que será possível melhorar a vida dos seres humanos, bem como das empresas e até das nações!?!?

Pentland ainda completou, dizendo: "Entretanto, em especial os **dados pessoais** – considerados hoje como o novo petróleo da Internet e a nova moeda do mundo digital – não podem ficar sob o domínio só das *big techs* ('grandes empresas de tecnologia') privadas ou então dos governos.

Vale lembrar que em nossos atos cotidianos, para os quais muita gente continua não dando muita importância, somos monitorados o tempo todo. Um bom exemplo é o nosso celular, que mesmo desligado **permite que todos os nossos movimentos sejam registrados**!!!

Pois é, são esses (e muitos outros) os rastros digitais dos seres humanos, que, processados de forma inteligente, permitem a identificação do que eles comem, onde se encontram e como se divertem. É a partir de todos esses rastros que os padrões comportamentais são estabelecidos, e com muita **precisão**."

Não se pode esquecer também que as empresas estão cada vez mais digitais, gerando e armazenando massas de dados crescentes, que tratadas de modo conveniente acabam se transformando em um arcabouço indispensável para que elas possam tomar boas decisões. Foi por isso que surgiram a **Análise de Negócios** (*Business Analytics* – **BA**) e a **Inteligência de Negócios** (*Business Intelligence* – **BI**), que não são sinônimos!?!?

É importante destacar que agora existem **quatro tipos** principais de análise de dados:

1º) **Análise preditiva** – O tipo mais conhecido, visto que auxilia na previsão de cenários futuros, apoiando-se em dados estatísticos e históricos, na IA, na mineração de dados etc., sendo muito usada por exemplo pela Amazon, em especial no seu sistema de recomendação personalizada.

2º) **Análise prescritiva** – Nela a ideia fundamental é verificar as consequências das ações adotadas, o que possibilita saber o que deverá acontecer ao se optar por determinadas atitudes. As recomendações do YouTube, por exemplo, são baseadas na análise prescritiva que usa ML para entender como o usuário toma decisões no momento de consumir conteúdo.

3º) **Análise descritiva** – Muito utilizada especialmente em situação nas qual se faz a análise de crédito para ser concedido a pessoas e empresas, quando é vital estudar os riscos.

4º) **Análise diagnóstica** – O objetivo dela é compreender o que provoca certos eventos, e então buscar respostas para as perguntas: **Por quê? Quem? O quê? Quando? Onde? Como?** (Trata-se do método 5W1H – *Why? Who? What? When? Where? e How?*). Ela é bastante utilizada na tomada de decisões como, por exemplo, no setor de vendas.

Obviamente essas análises estão embutidas nas tecnologias BI e BA, de acordo com o conceito de cada uma delas. A primeira (BI) se refere às tecnologias, aplicações e práticas de coleta de dados; integração, análise e apresentação de informações sobre um negócio. Os sistemas de BI são usados para manter, otimizar e agilizar as operações vigentes, além de fornecer um grande auxílio para a tomada de decisão, com o intuito de incrementar a produtividade e aumentar a rentabilidade de uma empresa.

A BI é **reativa**, produzindo relatórios fáceis de compreender e foca em dados passados e atuais para trazer informações para a tomada de decisões, identificar os problemas de um negócio e garantir a compreensão dos desempenhos anteriores.

Já BA diz respeito a abordagens e tecnologias que podem ser usadas para acessar e explorar dados dos quais se possam extrair *insights* úteis para se aprimorar o planejamento de negócios e incrementar o seu desempenho futuro. Em outras palavras, ao se falar de BA está se referindo as ferramentas utilizadas para desenvolver modelos de análise e simulações para se criar cenários, assimilar realidades e prever situações futuras. A BA é **proativa**, altamente técnica e com foco no futuro para descobrir padrões, prever tendências e estabelecer ações para a otimização dos resultados que se quer obter.

Com a BI busca-se obter respostas para perguntas como: "**O que aconteceu?**" e "**O que está acontecendo?**", enquanto com a BA procura-se responder perguntas do tipo: "**O que vai acontecer no futuro?**" e "**O que acontece se...?**"

O que finalmente se deve destacar é que o conhecimento e o uso de BI e BA são indispensáveis para quem queira crescer e conquistar uma posição de maior destaque no mercado. Claro que o tema principal desse capítulo é a 4ª Revolução Industrial e deve ficar bem claro que o BD é muito utilizado na manufatura, pois ajuda muito os fabricantes para que aumentem bastante a qualidade e a quantidade do que produzem, além de auxiliar na minimização de desperdícios, criando valor e contribuindo bastante para se ter mais lucratividade de cada negócio.

Mas o uso mais intenso do BD é na **manutenção preditiva**, visto que diversos fatores que permitem prever falhas mecânicas estão profundamente relacionados com dados estruturados como o ano, a marca e o modelo do equipamento, bem como com os dados não estruturados que abrangem os "**avisos**" dos sensores, mensagens de erro e temperatura de algum motor etc.

Ao se analisar essas indicações de possíveis problemas antes que eles ocorram, as empresas podem implementar uma manutenção de maneira mais econômica e maximizar dessa maneira o tempo de funcionamento dos seus equipamentos. É isso que possibilita a manutenção preditiva.

O BD atualmente se aplica aos mais diversos setores entre os quais o entretenimento (em especial no esporte), saúde, ensino, serviço público, serviços financeiros (detectar fraudes e não conformidades), varejo, *marketing* digital etc.

BRILHE 12

Galileo Galilei disse: "Nunca encontrei uma pessoa tão ignorante que não pudesse ter aprendido algo com a sua própria ignorância!!!"

Não conseguimos realmente entender muitas coisas, isso porém não quer dizer que não devemos ter a vontade de achar respostas, ao menos plausíveis, para muitas questões "cabeludas", afinal de contas para que viver com tamanha "incompreensão", não é?

Aí vão cinco perguntas que não devem mais representar "dúvidas cruéis" para você!

a. Quantos dias a gente sobrevive sem comida?
b. Por que alguns insetos procuram lâmpadas acesas à noite?
c. Por que é tão fácil engordar e tão difícil emagrecer?
d. Por que a vela apaga quando a gente sopra, mas o fogo da churrasqueira fica mais intenso quando se faz o mesmo?
e. Como as minhocas cavam a terra se elas são tão frágeis (moles)?

COMPUTAÇÃO EM NUVEM

Na *Wikipedia* encontra-se a seguinte definição para computação na nuvem (*cloud computing*, em inglês): "É o termo coloquial para se referir à disponibilidade sob demanda do sistema de computador, especialmente de armazenamento de dados e capacidade de computação, sem o gerenciamento ativo do utilizador."

Pois é, a **computação em nuvem** é o fornecimento de serviços de computação incluindo servidores, armazenamento, banco de dados, rede, *software*, análise e inteligência pela Internet ("a nuvem"), disponibilizando recursos flexíveis que permitem economias de escala (a pessoa paga normalmente apenas pelos serviços que usa) e possibilitam chegar a inovações mais rapidamente.

Em outras palavras, a computação em nuvem é uma tecnologia que permite a distribuição de serviços de computação e o acesso *online* ("disponível para uso imediato") a eles, sem a necessidade de instalação de *softwares*. Esses serviços podem dessa maneira ser acessados de forma remota de qualquer parte do planeta, e no momento que uma pessoa (ou equipe de alguma empresa) desejar.

Uma grande vantagem da computação em nuvem é a possibilidade de utilizar muitos *softwares* sem que estejam instalados no seu computador, cujas atualizações, aliás, também são feitas de forma automática, sem a necessidade de intervenção do usuário. Por sua vez, o trabalho corporativo e o compartilhamento de arquivos se torna bem mais simples, pois todas as informações estão no mesmo "lugar", ou seja, na "nuvem computacional".

Entre as desvantagens da computação em nuvem, está o acesso à Internet, pois caso o usuário perca esse acesso, isso comprometerá todos os sistemas embarcados. Assim, o usuário precisa ter um serviço de Internet confiável e consistente, com boa velocidade de conexão e de largura de banda.

Claro, como já foi dito antes, é necessário pagar pelo serviço de computação em nuvem, e hoje os grandes provedores da nuvem, como Amazon Web Services, Microsoft Azure, IBM Cloud, Google Cloud etc., estão obtendo receitas e lucros bilionários. Já entre as grandes empresas tecnológicas que usam os serviços de computação em nuvem estão Netflix, Spotify, Airbnb, Uber etc., e obviamente também a Amazon e o Google.

Bem, ao se utilizar soluções de IdC em escala global, com dispositivos instalados em diferentes localidades e se comunicando de forma contínua, sem dúvida foi totalmente necessário adotar o modelo de computação em nuvem. Afinal, os dados coletados pelos sensores podem ser processados e armazenados na nuvem, o que compensa as restrições dos dispositivos.

A tecnologia sem dúvida, exerceu um papel vital para que as empresas de todas as partes do Brasil (e em todo o mundo...) seguissem operando quando o distanciamento físico entre as pessoas se fez necessário, como forma de conter a propagação da *Covid-19*.

Na pandemia, particularmente as **transformações digitais** se aceleraram e a computação em nuvem ganhou uma importância ainda maior como instrumento para minimizar os riscos e responder com agilidade as demandas da quarentena estabelecida. Realmente o colapso causado pelo novo coronavírus acentuou a adoção de novas formas de trabalho, como aquele realizado de maneira remota.

Finalmente, no tocante a computação em nuvem não se pode esquecer de destacar que ao armazenar os dados na nuvem, isso pode representar um sério desafio (perigo), visto que pode ocorrer (e já tem ocorrido) **roubo de informações**!?!?

Concluindo, deve-se ressaltar que com todas essas tecnologias já disponíveis nessa 4ª Revolução Industrial, pode-se obter diversas vantagens: **custos menores** (graças à automação das máquinas), **informações das operações em tempo real** (devido a IdC), **manufatura modular** (com reprogramação das máquinas), desenvolver **operações integradas** (com uma demanda sincronizada), **alcançar a otimização** (chegando a uma inatividade quase zero...).

Na influente revista inglesa *The Economist*, muito já se escreveu sobre como "ensinar" os robôs a não fazer nada errado contra os humanos!!!

Porém, a Indústria 4.0 ainda está engatinhando no Brasil, e não pode ser adotada em larga escala por causa de várias deficiências envolvendo aspectos culturais, educacionais e estruturais. De fato, ainda estamos nos "**familiarizando**" com a era digital e, infelizmente não estamos aproveitando plenamente seus impactos positivos, em especial no que se refere à competitividade.

BRILHE 13

A professora Joana Malba Tahan fez um desafio para seus alunos:

a. Aquele que conseguir dividir os seguintes oito dígitos – 1, 2, 3, 4, 5, 7, 8 e 9 – em dois grupos, cada um com dois números constituídos por esses dígitos (sem repetir nenhum deles) e cuja soma seja a mesma vai ganhar um bônus na nota e um sorvete!?!?

b. Usando cada um dos dígitos 1, 2, 3, 4, 5, 6, 7, 8, 9 uma e apenas uma vez, forme dois números em que um é o dobro do outro. Por exemplo 23 e 46 são dois números em que o segundo é o dobro do primeiro, mas essa não é a resposta, viu?.

c. O que leva três dias para ir de A até B, mas quatro dias se for de B para A?

01

Um dos grandes pilares da **ficção científica**, ou seja, a relação entre a robótica, IA e ML se tornou um dos assuntos mais relevantes no **cenário de inovação global**. Com isso surgiram diversos projetos futuristas que há poucas décadas só podiam ser imaginados na literatura e no cinema. Robótica, IA e ML são conceitos irmãos que nasceram na mesma década, em meados de 1950, quando o autor e bioquímico russo Isaac Asimov (1920-1992) naturalizado norte-americano, escreveu a obra *O Mentiroso* - nela lançou o conceito de robótica - e, posteriormente, popularizou-se de vez com o lançamento do clássico *Eu, Robô*.

Nos livros e no cinema, os robôs foram amplamente concebidos como **máquinas malignas**, sendo oponentes extremamente resistentes e bem armados, espalhados por todos os lugares e prontos para confrontar a humanidade!!! Aliás, cumpre destacar que, mesmo quando um robô era descrito como **pacífico** (como no caso de *O Homem Bicentenário*, também de Isaac Asimov), foi preciso criar um manual com três regras para impedir que ele fosse protagonista de um apocalipse sem precedentes contra a humanidade.

Segundo Isaac Asimov, os robôs **não** podiam de forma alguma ferir um humano ou permitir que ele sofra algum mal. Esse princípio **não poderia ser quebrado** em hipótese alguma, mesmo que a "máquina inteligente" recebesse ordens diretas de extermínio ou que percebesse uma ameaça iminente a sua própria existência.

Isaac Asimov disse muitas frases eloquentes como: "A expressão mais empolgante para se ouvir da ciência, aquela que proclama novas descobertas, não é '**eureca**', mas '**engraçado**...'"

Porém, apesar do que desejava Isaac Asimov há muito tempo impor aos robôs, os receios sobre o comportamento maligno deles não desapareceram, especialmente a respeito da "**personalidade da máquina**", já que as pessoas costumam temer tudo que **não apresenta emoções** ou **propriedades inerentes à alma**!!!

Dessa maneira, uma coisa criada artificialmente não precisaria de muitos motivos para se voltar contra seus criadores, podendo inclusive causar um **efeito dominó** de não reconhecimento, passando a "acreditar" que, por serem similares, todos os humanos são (ou devem ser) **considerados inimigos**!!!

Na prática, até agora, a tecnologia funcionou da seguinte forma: temos hoje robôs com funções cada vez mais especializadas, substituindo a mão de obra humana em larga escala nas indústrias e em ambientes domésticos (em serviços gerais, por exemplo, particularmente os de limpeza).

Graças a IA e ML os robôs desenvolveram uma "**consciência**" cada vez mais prestativa, com a aquisição gradativa do conhecimento. Atualmente, temos robôs que correm, dançam, saltam, atiram, sentem impactos etc. Portanto, os robôs (tanto os que trabalham por conta própria ou aqueles que recebem ordens de pessoas para saber o que fazer), com a evolução cada vez maior do IA (que permite descobrir significados, generalizar e aprender com vidas passadas) podem **chegar a possuir uma consciência própria e serem capazes de se responsabilizar por seus atos**!!! E aí sem dúvida passarão a ser uma **grande ameaça para a humanidade**!!!

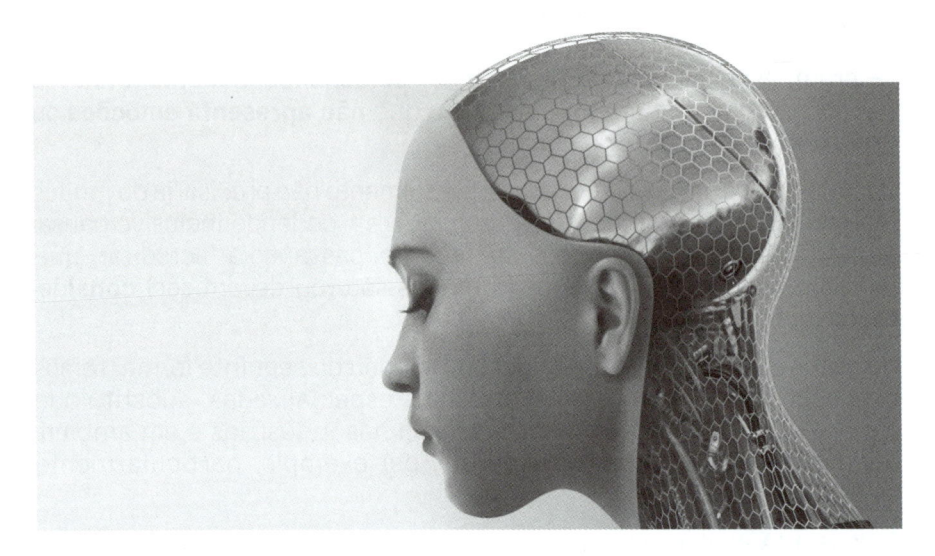

Você se lembra da cena do filme *Ex Machina* (de 2014), no qual o robô Ava tenta provar sua consciência a um ser humano, como no teste de Turing (capacidade de uma máquina de se passar por um ser humano...)? Segundo alguns futurólogos isso está prestes a acontecer daqui algumas décadas, **viu?**

01

A franquia de *Matrix*, muito ousada e provocante, nasceu da mente criativa das irmãs Lilly e Lana Wachowski, sendo uma resposta ao crescimento da presença de tecnologia no dia a dia, e indicando medos e preocupações sobre o mundo digital que pode se sobrepor ao real.

Assim, em 1999, foi lançado o filme *Matrix* (uma fantasia criada por máquinas) e em 2003 foi possível ver *Matrix Reloaded* (com a realidade comandada por máquinas) e *Matrix Revolutions* (no qual a guerra entre máquinas e humanos se intensifica).

Quando *Matrix* foi exibido nos cinemas em 1999, a Internet estava no seu início (sendo ainda discada) e os telefones celulares eram parecidos com tijolos!?!? Por isso, foi muito impactante ver o que as diretoras Lilly e Lana Wachowski criaram em seus filmes – que tiveram Keanu Reeves no papel principal – ou seja, exibindo uma tecnologia, numa história repleta de interrogações, provocadas pelo medo.

E finalmente, em dezembro de 2021 chegou aos cinemas *Matrix Ressurrections* (dirigido apenas por Lana Wachowski...) no qual se apresentou um cenário do planeta radicalmente diferente, com todas as coisas cada vez mais conectadas, mais digitais. Nessa história as máquinas deixaram de ser entes enigmáticos para fazer parte da rotina das pessoas, convivendo lado a lado com elas. É óbvio que a provocação continua, isto é: **até quando os humanos poderão ser parceiros da tecnologia?**

Tudo indica que com esse filme Lana Wachowski criou espaço para um novo, no qual poderá explorar bem mais intimamente a realidade aumentada e virtual, o metaverso, os hologramas, a digitalização de pessoas e, naturalmente, o seu **vício cada vez mais intenso em tecnologia**.

CAPÍTULO 5

MUNDO FANI

Sequer aprendemos a lidar com o mundo VICA, e já estamos envolvidos em novas turbulências, em especial a partir do início de 2020, quando se espalhou a pandemia do novo coronavírus. Um pouco antes disso, entretanto, mais precisamente em 2018, o antropólogo e futurista norte-americano Jamais Cascio, do Institute for the Future, criou uma nova expressão: mundo **BANI**, um acrônimo que reúne as palavras inglesas *brittle* ("frágil"); *anxious* ("ansioso"); *non-linear* ("não linear") e *incomprehensible* ("incompreensível"), aportuguesado como **FANI**.

Com relação a isso, o próprio Jamais Cascio explicou: "Os tipos de ferramentas que se criaram para gerenciar o mundo VICA são pensamentos e cenários futuros, simulações e modelos, que, entretanto, não nos dizem o que vai acontecer – embora nos permitam entender o que pode ocorrer num mundo abalado pela **volatilidade**, **incerteza**, **complexidade** e **ambiguidade**. Elas são metodologias construídas sobre a necessidade de se criar uma estrutura para lidar com o **indefinido** e o **desconhecido**!?!?

Porém, já se passaram algumas décadas desde que se começou a 'combater' e assim sobreviver no mundo **VICA**, que mudou muito nesse tempo. Agora precisamos de '**remédios**' ou soluções para fazer frente às complicações que se apresentam no mundo **FANI**.

Agora, o que costumava ser volátil se transformou em **frágil**, e deixou de ser confiável; as pessoas passaram a se sentir ainda mais inseguras, com o que ficaram **ansiosas**; as coisas não são mais apenas complexas, mas obedecem a sistemas cuja lógica é **não linear**; e o que se considerava ambíguo piorou bastante, tornando-se **incompreensível**."

FRAGILIDADE.

Quando algo é frágil está sujeito a falhas repentinas e dramáticas. Coisas frágeis são pouco resilientes, pouco resistentes e pouco confiáveis. Um bom exemplo de negócio que opera no **modo frágil** é o da **monocultura**

agrícola, que se baseia em plantar uma única *commodity* (laranja, café, soja etc.) para extrair o máximo da terra!?!? Acontece que, nesse caso, basta o surgimento de uma única praga para arruinar toda a plantação e levar o negócio a falência!!!

Por outro lado, ser **emocionalmente frágil** significa que alguém tem dificuldade de controlar seus sentimentos mais intensos, como irritação, surtos de tristeza, ciclos de ansiedade, pânico etc. Já no sentido figurado, ao se dizer que um indivíduo é **frágil**, pode estar se referindo a alguém de ânimo fraco, pouco estável, e sem solidez moral.

Pode-se escapar desse padrão de **fragilidade emocional** aprendendo a ser mais **resiliente** para suportar as emoções e, nesse sentido, a pessoa deve:

1º) Confiar mais em seus pensamentos.
2º) Valer-se de suas habilidades de enfrentamento.
3º) Parar de quebrar promessas feitas a si mesmo e deixar de se criticar.
4º) Aprender a conviver com sua fragilidade e buscar se tornar **antifrágil**.

Pois bem, para conseguir essa aptidão e ser antifrágil a recomendação é ler o volumoso, mas espetacular livro de Nassim Nicholas Taleb, especialista em analisar problemas ligados à incerteza, probabilidade e ao conhecimento, cujo título é *Antifrágil – Coisas que se Beneficiam com o Caos*, no qual o autor destacou:

> "Pense em qualquer coisa frágil, digamos os muitos objetos na sua sala de estar como algumas estruturas ou peças de porcelana (ou de vidro) nos armários. Se você classificou esses objetos como 'frágeis', desejará que sejam deixados isolados, sem sofrerem abalos, ficando bem estáticos, sem ser tocados por pessoas estrambelhadas e pouco cuidadosas.
>
> Para designar o oposto de frágil, tem-se a palavra **antifrágil**. É a antifragilidade que nos faz entender melhor a fragilidade, pois ela tem a propriedade singular de nos capacitar a lidar com o desconhecido, com as coisas que não compreendemos bem e, dessa forma, permitindo que sejamos bem-sucedidos!?!?
>
> Graças à antifragilidade nos tornamos muito melhores, e conseguimos agir sem nos sentirmos paralisados, só pensando... Por causa disso, eu prefiro ser **ignorante** e **antifrágil** que **extremamente inteligente**, mas **frágil**, e isso se aplica a qualquer situação!?!?"

Prezado(a) leitor(a), você pode até não concordar com o que afirmou Nassim N. Taleb, mas o que ele buscou salientar é que em um contexto de desordem, turbulência e caos, os que conseguem se tornar antifrágeis acabam tendo muitas vantagens sobre os que são frágeis!?!?

Um exemplo incrível de **antifragilidade** foi o da indústria do luxo e da moda, que nos anos mais intensos da pandemia de *Covid-19* – período no qual a maioria da população ficou isolada, triste e desesperançosa –, conseguiu crescer de forma incrível, vendendo produtos que não eram de primeira necessidade, mas que certamente provocaram nos adquirentes a ótima sensação de autoestima, satisfação e bem-estar de que tanto precisavam...

Basta lembrar que Bernard Arnault, que dirige o grupo LVMH, alcançou em maio de 2021 o posto de homem mais rico do mundo, com uma fortuna pessoal de **US$ 186,3 bilhões**. Suas empresas obtiveram lucros extraordinários, o que aliás também ocorreu praticamente com todos os seus principais rivais (Chanel, grupo Kering etc.).

Por outro lado, o surgimento da *Covid-19* demonstrou de forma evidente a **fragilidade** de praticamente todos os sistemas de saúde do mundo. Neste período de restrições impostas para tentar impedir a transmissão do novo coronavírus, muitas empresas de diversos setores sofreram muito e até desapareceram, pois estavam construídas sobre bases quebradiças, que podiam desmoronar repentinamente sob a ação de abalos inesperados...

Naturalmente essa fragilidade impulsionou a antifragilidade, que ficou evidente na velocidade recorde com a qual várias empresas farmacêuticas criaram suas vacinas para aplicar em bilhões de pessoas (!!!) e prevenir o contágio – obtendo **lucros inimagináveis**!?!?

Portanto, é imprescindível aprender a agir sempre que se entrar no **modo frágil**, ou seja, quando um **perigo surgir inadvertidamente**. Sempre é possível sobrepujar essa situação, desde que você se **adapte** de forma **ágil (**!!!) à mesma.

BRILHE 14

A tarefa do caça-fantasma é lançar um fluído **"zap"** que destrua o fantasma. Porém, há uma condição: o caça-fantasma Nº1 deve destruir o fantasma Nº1; o caça-fantasma Nº2 deve destruir o fantasma Nº2, e assim por diante, mas sem que uma trajetória intercepte a outra. Você consegue fazer esses "traçados"?

ANSIEDADE.

A **ansiedade** tem diversas definições nos dicionários não técnicos, significando aflição, angústia, perturbação de espírito causada pela incerteza ou ainda uma reação a qualquer contexto de perigo.

Levando em conta o aspecto técnico, devemos entender **ansiedade** como um estado que ora nos **beneficia**, ora nos **prejudica**, dependendo das circunstâncias ou de sua intensidade. Ela pode se revelar patológica, ou seja, prejudicial não apenas ao nosso funcionamento psíquico (mental), mas somático (corporal). A ansiedade leva o indivíduo a sentir-se sempre perdido e, consequentemente, provoca uma sensação de impotência, levando muitas pessoas a uma desastrosa passividade diante da necessidade de tomar decisões.

Vivemos numa época em que a mídia está tão focada no que é negativo que todos nós procuramos nos desconectar das "realidades escabrosas" apresentadas, e buscar algo mais positivo que nos deixe mais felizes. Isso, porém, não é fácil de fazer e, em consequência, a ansiedade alcançou um nível muito elevado no Brasil, fazendo com que muitos dos seus habitantes vivam deprimidos e desesperançosos.

Infelizmente, de acordo com a Organização Mundial da Saúde (OMS), num comunicado feito em 2019, tornou-se pública a notícia de que o Brasil é o País com **maior número de pessoas ansiosas no planeta**, abrigando cerca de **19 milhões** de indivíduos afetados!?!?

Não foi por acaso, portanto, que Augusto Cury tornou-se o autor brasileiro que mais vendeu livros nessa década, entre eles três diferentes, todos utilizando a palavra **ansiedade** no título, que juntos ultrapassaram os 35 milhões de exemplares comercializados.

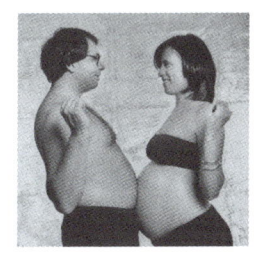

São muitas as situações que frequentemente deixam as pessoas muito ansiosas, não é? O fato é que muitos se tornam mental e fisicamente "desmantelados" por conta da ansiedade!!! Para você, observador(a) leitor(a) em qual das fotos a ansiedade chegou ao máximo?

Particularmente, de 2020 até 2022, o que mais se divulgou foram relatos de tragédias, em especial as provocadas pela *Covid-19*, de maneira que para não ficarem mais angustiados ainda muitos brasileiros passaram a **não ler**, **não escutar** e a **não ver as notícias** apresentadas nos diversos veículos de comunicação. Os que tinham condições, inclusive buscaram se isolar em bolhas, passando a viver em chácaras e sítios, fugindo de suas residências nas cidades!?!?

Vamos falar disso a seguir, pois parece que este se tornará um **novíssimo normal (NN)** para um certo contingente de pessoas que buscam eliminar suas crises de ansiedade, diminuir sua depressão e libertar-se do seu estado de *burnout* (um distúrbio psíquico causado pela exaustão extrema, sempre relacionado ao trabalho) procurando morar em residências que lhes permitam contato reconfortante com a natureza, longe do alarido urbano!?!?

Lamentavelmente, apenas para uma pequena fração da população brasileira foi possível adotar essa nova maneira de viver, **não é?**

NÃO LINEAR.

Comecemos com uma pergunta: "**O que é um comportamento não linear?**"

Inicialmente deve-se ressaltar que a palavra **linear** define aquilo que é **reto** e **direto**!!! Assim, o raciocínio linear é uma forma de pensar e conseguir expor suas ideias de maneira constante e regular, com **começo**, **meio** e **fim**, ou seja, que começa a partir de um evento que desencadeia diversos pontos de vista favoráveis e contrários, até que se chegue a uma conclusão.

Já um evento não linear não nos permite tal final, visto que ele pode apresentar um comportamento aleatório, tornando-se até bem caótico. Portanto, uma estrutura não linear é aquela em que **não se tem** um começo, meio e fim!!!

Na *Wikipédia* o termo não linear é usado para descrever **estruturas** – seja ela uma hierarquia ou rede de relacionamentos – que não apresentam um sentido único, mas múltiplos caminhos e destinos, desencadeadores de diversos finais.

Na teoria geral dos sistemas, a não linearidade é um pressuposto de sistemas complexos, e sua intrincada rede leva a caminhos distintos e inimagináveis, até mesmo para os criadores desses sistemas. Em um ambiente não linear uma decisão aparentemente irrelevante pode ter tanto a resultados muito expressivos como a consequências devastadoras.

Ao perder a linearidade, os altos e baixos não são proporcionais, assim como um **enorme esforço** pode não gerar **nenhuma resposta significativa**!!! Num mundo não linear aprende-se que as consequências e os resultados de qualquer causa podem emergir rapidamente, ou demorar meses e até anos para aparecer.

Um exemplo disso são os alertas dos especialistas em meio ambiente sobre os problemas que poderemos ter em função das mudanças climáticas!?!? Pelo fato de não percebermos os resultados imediatamente, acabamos postergando medidas que já deveriam ter sido implantadas, **não é mesmo?**

A pandemia causada pelo novo coronavírus foi um outro exemplo de não linearidade, com a doença se espalhando de **modo exponencial**, infectando rapidamente centenas de milhões de pessoas no planeta (e infelizmente matando alguns milhões delas...).

No ambiente não linear nada mais é certo, especialmente para alguém que queira fazer um **planejamento estratégico**, pois é preciso promover constantes alterações diante das novas circunstâncias que surgem pelo caminho. E quando várias ações estão simultaneamente em curso, como costuma acontecer num mundo não linear, o **controle se torna impossível**.

Atualmente está cada vez mais difícil entender as conexões entre as diversas coisas distintas que acontecem, ou mesmo perceber as relações entre muitos desenvolvimentos (projetos, processos, tendências etc.) paralelos ao nosso redor. É bastante natural que tudo isso torne as pessoas bem ansiosas, não é?

Daniel Kahneman, vencedor do prêmio Nobel de Economia em 2002, ao fazer uma análise do que é linear e não linear, enfatizou: "Os fenômenos não lineares são exponenciais e por isso praticamente impossíveis de compreender. Temos muita experiência em um mundo mais ou menos linear, quando as coisas incrementam (crescem) sempre dentro do razoável... Porém, numa mudança exponencial é realmente bem diferente, pois comumente não estamos equipados para lidar com ela.

Quando pessoas lineares se deparam com uma mudança exponencial elas em geral não são capazes de se adaptar de forma adequada e com simplicidade. Felizmente a tecnologia está se desenvolvendo com rapidez e, possivelmente de maneira exponencial, por isso a IA – **que em breve irá superar os humanos em raciocínio** – irá nos auxiliar a lidar melhor com eventos não lineares!!!"

BRILHE 15

Veja como é difícil **adaptar-se** a uma situação ou a um trabalho quando **"lá fora é um inferno"**!!!, conforme a seguinte narrativa.

A mãe de José acordou-o às 6h30min da manhã, e disse:

— Zezinho, levante-se. É hora de ir para a escola!

Sem escutar a resposta, ela chamou de novo, e mais alto:

— Zezinho, acorde e levante-se! Está na hora de ir para a escola!

Mais uma vez não houve resposta, então, a mãe já desesperada foi até o quarto e o sacudiu, dizendo:

— Zezinho está na hora de levantar e se aprontar para ir a escola!

Ao que ele respondeu:

— Mãe, eu não vou à escola. Há mais de 1000 alunos lá e todos eles me odeiam. Não vou à escola!.

E a mãe respondeu rispidamente:

— Levante-se já e vá para a escola!

— Mas, mãe, todos os professores lá também me odeiam. Outro dia vi três deles conversando, e um estava apontando para mim. Eu sei que eles me odeiam. Não vou para a escola!

— Arrume-se já e vá para a escola! – ordenou a mãe novamente.

— Mas, mãe, não entendo isso. Por que você quer me colocar naquele inferno de novo? – protestou ele.

— Por duas razões, Zezinho. – disparou a mãe, continuando – Primeiro, porque você já tem 38 anos e, segundo, porque você é o diretor da escola!

INCOMPREENSÍVEL.

Com tantas mudanças ocorrendo em caráter cotidiano, é bem fácil as pessoas perderem a conexão com a realidade. A partir daí não são apenas as notícias divulgadas que se tornam difíceis de ser compreendidas para elas...Vivemos numa época em que estamos imersos, ou melhor, "**afogados**" por dados e informações, o que sobrecarrega nossa capacidade de entender o que está acontecendo ao nosso redor. Torna-se muito difícil distinguir o que são simples ruídos de verdadeiros sinais de alerta, mesmo tendo à nossa disposição ferramentas como BD, BA e BI!!!

A **incompreensibilidade** acaba sendo o estado final de uma sobrecarga de informações e, dessa maneira, não existe mais **certeza** sobre **nada**. Aliás, o almejado ou suposto excesso de controle acaba se transformando em uma farsa!?!? O avanço tecnológico foi tão profundo em diversas áreas que já não é possível para a imensa maioria das pessoas (para quase todas elas...) compreender como as coisas funcionam!!!

Especialistas estimam que **99,9%** da população não consegue entender como o micro-ondas aquece a comida, de que maneira uma foto é armazenada na nuvem, de que forma funciona um carro autônomo ou se controla um *drone*, o que são algoritmos de IA (em particular no Facebook) e tantas outras coisas... Isso, entretanto, não impede qualquer pessoa de usar o Facebook (ou qualquer outra inovação mencionada...) para saber de tantas novidades todos os dias, **não é?**

No mundo cada vez mais incompreensível, o que mais se pergunta é: "Como foi que isso aconteceu?" Frequentemente a resposta que se obtém é: "Não se preocupe com isso, pois é difícil de entender!!!" O fato é que no mundo FANI tem-se um ambiente no qual de forma muito rápida mudam os conceitos e as ideias. Tudo acontece de maneira tão célere que **cada vez mais parece que entendemos menos**!!!

Arthur Charles Clarke (1917-2008), escritor e inventor britânico, autor de obras de ficção científica, como o conto *The Sentinel*, que deu origem ao famoso filme *2001: Uma Odisseia no Espaço*, já há um bom tempo ressaltou: "Qualquer tecnologia suficientemente avançada é indistinguível da magia, as coisas cotidianas agora são incompreensíveis."

Tudo indica que essa incompreensão foi crescendo e estar vivo nessa 3ª década do século XXI nos obriga a **confiar** em muitos dispositivos e sistemas bem complexos (e incompreensíveis para nós...), que nos afetam e são muito importantes para a nossa existência. Fazer com que as pessoas e os negócios evoluam no mundo FANI exige que todos se movimentem e se comportem de forma diferente. E para que isso ocorra as pessoas precisam adquirir novas competências.

Jamais Cascio nos deu o seguinte conselho: "A fragilidade pode ser enfrentada por meio da resiliência e da liberdade; a ansiedade pode ser aliviada pela empatia e atenção plena (*mindfulness*); a não linearidade necessita de contexto e adaptabilidade e a incompreensibilidade pede transparência e intuição!!!

Claro que essas atitudes podem muito bem ser mais reações do que soluções, porém, elas contém ou sugerem possibilidades de que as respostas adequadas para cada uma das dificuldades de se estar no mundo FANI podem ser encontradas."

Porém, mais do que compreender como somos afetados no mundo FANI, é vital entendermos que se trata de uma situação para a qual é preciso desenvolver uma postura pessoal que não atrapalhe nosso processo de melhoria contínua... E nesse sentido, o grande diferencial competitivo de um profissional (ou empresa) é saber reagir a tudo o que acontece **prontamente**!!!

Assim, se você por exemplo perdeu seu emprego, ficar parado para se lamentar ou meditar sobre o que ocorreu não é a **reação correta**!!! Pelo contrário, é preciso agir de forma intensa e fazer novos contatos (não esquecendo de recorrer ao LinkedIn...) que lhe permitam obter trabalho (e não apenas um emprego...), sacudir a poeira e quem sabe até abrir o próprio negócio. É assim que se deve comportar no mundo FANI!

Por fim, no caso das empresas existentes no mundo FANI, a "magia corporativa" deve ser sempre a seguinte: "**Errar rápido, corrigir rápido e reiniciar a operação corrigida rapidamente.**"

BRILHE 16

Qual desses "jeitos" você escolheria se tivesse que se desculpar, despedir, declarar sua afeição ou terminar uma discussão?

A Escolha da Melhor Expressão

CAPÍTULO 6

OS NOVÍSSIMOS NORMAIS

Entre os **novíssimos normais (NNs)**, que aconteceram em vários setores, que provocaram grandes transformações, especialmente no mundo do trabalho destacam-se:

CONSOLIDAÇÃO DO *HOME OFFICE* ("TRABALHO EM CASA")

Apesar de o sistema *home office* já ser utilizado antes da crise provocada pela *Covid-19*, havia ainda uma certa desconfiança e resistência das empresas em recorrer a esse sistema de trabalho de maneira mais intensa.

Entretanto, com a imposição das medidas de isolamento e o fechamento compulsório de muitos negócios, não houve outra opção para que eles funcionassem, ao menos parcialmente, se não adotassem o **trabalho remoto**, permitindo que funcionários realizassem suas atividades a partir de suas casas!?!?

O resultado foi até melhor do que se poderia imaginar, e a tendência a partir de 2022 é que muitas organizações consolidem um sistema de **trabalho híbrido**, com as pessoas trabalhando parte do tempo em *home office* e parte nas próprias empresas!!!

Não se pode entretanto deixar de destacar que o *home office* foi útil no Brasil para 92% das pessoas das classes A e B, que contavam com bons computadores e boas conexões de Internet em suas residências, mas nem tanto para os que pertencem às classes D e E, pois nelas só 12% das pessoas estavam razoavelmente equipadas para utilizar a tecnologia digital.

Além disso, o sistema *home office* evidentemente não serve para a maioria dos brasileiros – 88% do contingente de empregados no País faz seu trabalho de forma presencial –,entre eles a maioria dos que exercem profissões que terminam com os sufixos "**eiro**" (cabeleireiro, pedreiro, torneiro, marceneiro etc.), "**or**" (entregador, encanador etc.) e "**ista**" (eletricista, motorista, dentista etc.).

REUNIÕES POR VIDEOCONFERÊNCIA.

Especialmente em 2020 e 2022, com milhões de profissionais trabalhando em *home office*, as reuniões por videoconferência se tornaram cada vez mais comuns, para que eles pudessem se manter em atividade. E aí aplicativos como Zoom, Microsoft Team, Google Meet e até o "velho" Skype passaram a ser acionados cotidianamente.

As videoconferências representaram uma substancial redução dos custos empresariais, no que se refere às despesas de funcionários com viagens, hotéis, alimentação etc., mas, ao mesmo tempo, e por incrível que pareça, houve um **grande aumento de produtividade**!!!

Essa tendência tem tudo para crescer ainda mais, até porque, a **locomoção** entre países, regiões e até mesmo dentro de cidades grandes está cada vez mais complicada, cara e demorada!!! Assim, graças a essas ferramentas tecnológicas tornou-se possível oferecer *webinars* (seminários realizados pela Internet) sobre todos os assuntos.

Recorde-se que nessas últimas duas décadas todo aquele que quisesse se atualizar e criar relacionamentos recorria a seminários presenciais ou participava de palestras dos gurus do momento. Todavia, para satisfazer esse desejo, esses profissionais tinham de submeter-se a longas viagens, disputar vagas em hotéis etc. Aos poucos, muitos desses eventos passaram a ser transmitidos pela Internet e/ou gravados em vídeo para serem posteriormente compartilhados.

De repente, com as restrições impostas pela *Covid-19* para a realização de eventos presenciais, a oferta de *webinars* cresceu exponencialmente. Claro que os *webinars* não têm o encanto e nem a agitação vivenciada nos intervalos para café durante os congressos e as conferências, tampouco permitem o bom e velho *networking*. Por outro lado, eles permitem que qualquer pessoa possa assistir os mesmos de qualquer parte do mundo!!!

Naturalmente, quando a pandemia for totalmente vencida os seminários e as palestras presenciais voltarão a ocorrer e a atrair grande público, pois a experiência de acompanhar de perto as apresentações e interagir ao vivo com os instrutores, palestrantes e demais participantes desses eventos é **insubstituível**!!! Porém, sem dúvida os *webinars* também conquistaram seu espaço e daqui para frente farão parte cada vez mais da nossa rotina de instrução e aprimoramento!!!

01

Vale destacar que hoje temos a nossa disposição muitos milhares de vídeos com palestras **TED**, que foram primeiramente realizadas nos EUA em 23 de fevereiro de 1984, por ideia de Richard Saul Wurman e Harry Marks. Essas apresentações são curtas (no máximo 18 min), focadas em **t**ecnologia, **e**ntretenimento e *design* (cujas iniciais formam justamente o acrônimo TED), hoje traduzidas para mais de 110 idiomas e tão inspiradoras, quanto seu lema: *ideas worth spreading* ("ideias que merecem ser disseminadas").

Esse primeiro evento, apesar de ter tido boa aceitação, acabou gerando prejuízo para os organizadores, de modo que sua segunda edição somente ocorreu em 1990, ainda apenas para convidados... Depois disso o evento se consolidou, passando a ser realizado nos EUA ou no Canadá.

A partir daí, e devido ao grande sucesso das palestras, o empresário Chris Anderson adquiriu os direitos pelo evento, que passou a ser dirigido pela Fundação Sapling. Como seu curador, Anderson introduziu diversas mudanças no evento, tornando os temas mais abrangentes (educação, comunicação, saúde etc.) e expandindo-o para outras partes do planeta. Além disso, as TED Talks ("conversas" relativamente curtas) passaram a ser difundidas pelo YouTube, na Internet. A partir de 2006 surgiu o *site* ted.com, que disponibilizou **de graça** todas as palestras pelas quais o público que as assistiu ao vivo pagou bem caro. Então, em 2009, no espírito do seu lema, criou-se o TEDx, um programa de eventos locais e organizados de forma independente e sem a participação da organização oficial, mas com as mesmas regras.

Agora as TEDx podem ser organizadas por qualquer pessoa e acontecer em qualquer lugar do mundo, bastando que se obtenha a licença para isso...). Todavia, essas palestram devem ser gratuitas para o público. O primeiro TEDx São Paulo aconteceu na capital paulista em novembro de 2009, com o tema *O que o Brasil tem a oferecer ao mundo hoje?*, e daí em diante muitas outras já aconteceram em outros locais do País.

> Estima-se que até agora já tenham sido oferecidos bem mais de 5.000 TEDx pelo mundo, com palestras voltadas para ciência, humanidade, saúde, política, crescimento pessoal etc., além daqueles que deram origem ao acrônimo.
>
> O TED a partir de 2009 passou a permitir que qualquer pessoa traduza as palestras para outras línguas. Assim, graças a milhares de tradutores voluntários temos atualmente algumas dezenas de milhares de traduções, o que possibilitou que mais gente as assistisse (algo que já pode ter ocorrido mais de 1,5 bilhão de vezes)
>
> Pois bem, nossa sugestão, prezado(a) leitor(a), é que todo dia você separe 18 min para assistir uma palestra no YouTube, afinal, é sempre possível encontrar um assunto que lhe interesse. Isso lhe trará inspiração e ótimos conhecimentos, melhorando sua vida!!!

MAIOR CONVERSÃO AO EMPREENDEDORISMO.

Com a alteração das relações de trabalho no Brasil, impulsionada pela flexibilização da legislação trabalhista e pela crescente transformação digital das empresas, muitos profissionais enveredaram pelo caminho do empreendedorismo.

A pandemia provocou uma significativa crise econômica, e muita gente perdeu emprego. Precisando se reinventar, boa parte dos desempregados optou pelo empreendedorismo (ver livro 2). Aliás, o Serviço Brasileiro de Apoio às Micro e Pequenas Empresas (Sebrae), informou que em 2020 surgiram 1,9 milhão de MEIs (microempreendedores individuais), ou seja, 13,8% a mais que em 2019, sendo um recorde desde o aparecimento da categoria em 2009.

Bem, até outubro de 2021, havia um total de 10.799.562 de MEIs no país. Foram criadas também mais de 700 mil micro e pequenas empresas, de acordo com o ministério da Economia, o equivalente a 10% do total existente no fim de 2019. O fato é que boa parte dos trabalhadores que tinham carteira assinada e ficaram desempregados, não vendo perspectiva de recuperar seus empregos, acabaram se transformando em trabalhadores independentes.

Ao escrever esse livro, pensei em como seria possível auxiliar milhões de pessoas a alavancar suas novas carreiras. E por incrível que possa parecer, uma delas é sugerir aos leitores que consigam um **trabalho flexível** (que muitas *startups* oferecem, em especial as que utilizam aplicativos...), ou seja, no qual possam escolher seus horários de trabalho.

O fato é que nunca houve uma época tão boa como agora para se empreender no País. E aqueles que eventualmente ficarem desempregados por conta do desaparecimento seus postos de trabalho, devido a automação, a saída é se armarem com seus *smartphones* – uma verdadeira janela para tudo o que acontece no mundo – e partir com toda coragem e entusiasmo para o empreendedorismo.

Com o *smartphone* é possível desenvolver um proveitoso *networking* digital, isto é, entrar em grupos, constituir comunidades digitais, participar de fóruns e, dessa maneira, criar conexões vitais para uma empresa iniciante progredir.

E atualmente para se começar uma *startup* não se faz necessário contar com grandes instalações, apenas um pequeno escritório – aproveitando a tendência do *home office*, sem necessidade de despesas com transporte, vestuário, maquiagem etc. – e alguns bons equipamentos eletrônicos, além, obviamente, de possuir um incrível *smartphone*.

Aliás, os mais importantes influenciadores digitais nas áreas da moda, beleza e comportamento afirmam que é muito estranho até mesmo para um executivo participar de uma conferência a distância de terno e gravata. Parece que um código de vestuário bem mais informal deverá predominar a partir de 2022, o que obviamente também terá reflexos no médio prazo na indústria da moda!!!

BRILHE 17

Como é possível, lançando apenas 4 "feixes" retos, matar todos os fantasmas dispostos no desenho abaixo.

CAMINHANDO DECIDIDAMENTE PARA O ENSINO HÍBRIDO.

Em 2020 e 2021 a pandemia provocou o fechamento de todas as escolas e universidades públicas e privadas, e as aulas virtuais tornaram-se a única opção de educação durante todo esse tempo. Infelizmente, em muitas instituições de ensino (IEs) a qualidade do ensino (a educação) à distância (EAD), ou seja, do ensino remoto foi **insatisfatória**!?!?

Claro que a EAD deve sofrer uma radical melhoria para que se torne **atraente** e **eficiente** – especialmente nas instituições de ensino superior (IESs), nas quais os estudantes são muito exigentes – para que aconteça de fato a retenção dos conhecimentos por parte dos aprendizes.

Militei muito tempo no setor da educação e sem criar polêmicas ou algum alarmismo, destaco que para o ensino remoto – um eventual NN – **dar certo é indispensável** capacitar bem os professores, para que estes saibam usar de forma plena a tecnologia digital e seus alunos tenham bons computadores, além de excelente conexão.

Em caso contrário, a EAD acabará colaborando no sentido de formar uma geração de jovens **despreparados** e **sem as devidas competências** para adentrarem os diversos setores do mercado de trabalho!?!? No decorrer dessa transição o recomendável é que durante um tempo, já a partir de 2022, seja aplicado da melhor maneira possível o ensino híbrido, uma combinação do presencial e do ensino a distância, aplicando cada um nos temas em que são mais factíveis e eficientes.

01

No Exame Nacional do Ensino Médio (Enem) – que serve para o acesso ao curso superior – realizado em novembro de 2021, houve 3,1 milhões de inscritos, 41% menos que em 2020 e como ainda faltaram na prova 930 mil estudantes, a participação real foi de cerca de 2,17 milhões de jovens, o menor número desde 2009!!!

Vários são os motivos que causaram essa assustadora redução, mas para mim o principal foi o **péssimo ensino remoto oferecido** a eles, o que evidentemente fez com que um grande contingente se sentisse sem condições para enfrentar o exame!?!?

BRILHE 18

Solucione os exercícios na sequência:

a. Você tem nas mãos várias fichas e dentre elas:

   5 fichas de valor 20

   3 fichas de valor 15

   3 fichas de valor 10

   6 fichas de valor 5

Coloque-as no quadrado mágico na sequência, de modo que a soma de cada um dos lados exteriores e de cada uma das diagonais seja igual a 55.

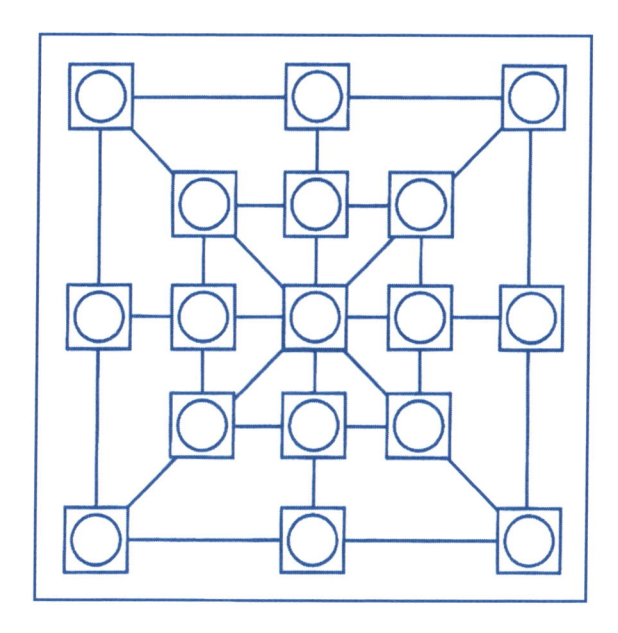

b. Escreva nas casas do quadriculado abaixo números cuja soma seja o mágico número 13 em todas as linhas, colunas e diagonoais usando a repetição adequada dos números 1, 2 e 7, porém somente eles.

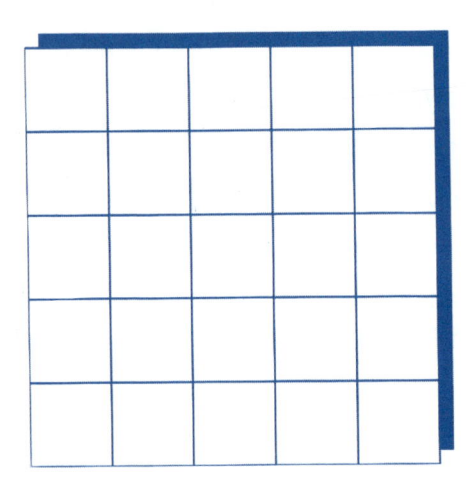

c. Coloque nas casas da figura abaixo números de tal forma que se tenha como soma a constante 13 usando apenas os números 2 ou 3, em todas as linhas, colunas e diagonais. Pode-se usar os números 2 ou 3 quantas vezes se quiser.

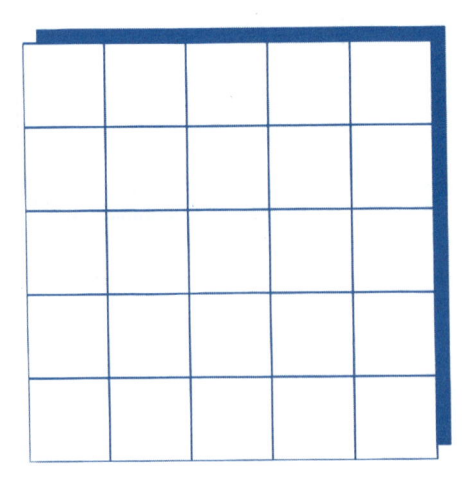

EXPANSÃO DA TELEMEDICINA.

Foi graças à **telemedicina** que se tornou possível, particularmente de 2020 a 2022, contornar as várias dificuldades encontradas (o isolamento, o receio das pessoas em saírem de casa para ir consultórios e hospitais) e prestar algum tipo de assistência médica à população, mesmo que fosse apenas para monitorar o quadro clínico dos pacientes, dar alguma orientação ou solicitar exames que permitissem um diagnóstico mais preciso dos sintomas apresentados.

A telemedicina mostrou sua eficiência, contribuindo bastante para garantir tranquilidade e segurança na prestação de assistência médica nesse período tão caótico. O desafio agora é que a partir de 2022 surja a regulamentação definitiva para esse setor, e consolide essa inovação para cerca de 214 milhões de habitantes do País, tornando-se um NN fundamental para a sobrevivência das pessoas.

Tudo indica que a pandemia acabou tendo um efeito positivo sobre um enorme contingente de pessoas, que agregaram obrigatoriamente ao seu cotidiano um **cuidado maior** com a **higiene pessoal** e a **limpeza do ambiente doméstico** e de **trabalho**.

BRILHE 19

Use bem a massa cinzenta do seu cérebro para "sobrepujar" ao seguinte desafio:

Você tem diante de si 6 palitos de fósforo, colocados paralelamente uns aos outros. Os três primeiros estão sem cabeça, quanto os três últimos encontram-se intactos.

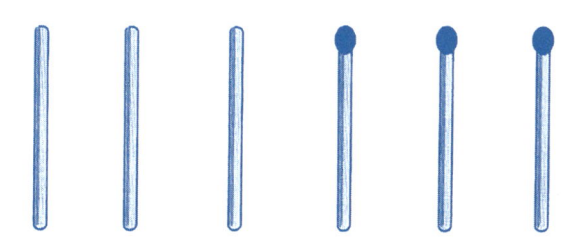

Agora, movimentando apenas dois palitos contíguos, de cada vez, sem modificar a posição de um em relação ao outro, passar para a seguinte configuração, em apenas três jogadas!!!

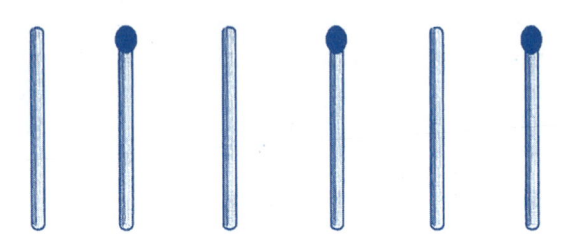

O próximo passo é retornar à configuração inicial também em apenas três jogadas.

COMÉRCIO *ONLINE* E *DELIVERY*.

No que se refere à forma como o consumidor faz suas compras ou recebe produtos adquiridos, sem dúvida uma grande mudança pós-pandemia será o crescimento cada vez maior do **comércio eletrônico**. Naturalmente, com o fechamento de comércio durante longos períodos de quarentena, a forma de vender muitos produtos se tornou quase que 100% digital para muita gente e durante bastante tempo...

Fundamentalmente, apenas os hiper e supermercados, além do pequeno varejo de alimentos, mantiveram suas portas abertas nas fases mais rigorosas do isolamento social. Mesmo assim, muitos consumidores, por diversos motivos, preferiram fazer as compras *online* (conectado a Internet), e por isso essas empresas tiveram de se reestruturar para atendê-los!!!

É óbvio que com o aumento das compras virtuais, cresceu também de forma espetacular o sistema de entregas (*delivery*), impulsionado por aplicativos como Rappi, iFood, Uber Eats etc., e com a criação de muitas outras empresas para os serviços de entrega. Assim, o *delivery* que já era bastante utilizado, principalmente para *pizzas*, atingiu um tal nível de satisfação e requisição que em São Paulo, até bebidas preparadas em bares da moda passaram a ser entregues nas moradias, ampliando de forma incrível o cardápio à disposição dos clientes!!!

O **conforto** que os clientes conseguem ao receberem os produtos desejados em suas residências indica sem dúvida que o *delivery* será cada vez mais relevante, particularmente para os que vivem em cidades médias e grandes, nas quais um dos grandes aborrecimentos é a **mobilidade**, que é cada vez mais complicada...

BRILHE 20

Normalmente, quando recebemos uma *pizza* o natural é cortá-la em oito pedaços iguais, com apenas quatro cortes.

Agora propomos o seguinte desafio: com apenas três cortes, ou menos, divida a *pizza* nos mesmos oito pedaços (não necessariamente iguais). Lembre-se: cada corte termina com a retirada da faca da *pizza*. Você consegue apresentar algumas soluções? Use de preferência um lápis, pois vai ter que apagar muitas das suas soluções...

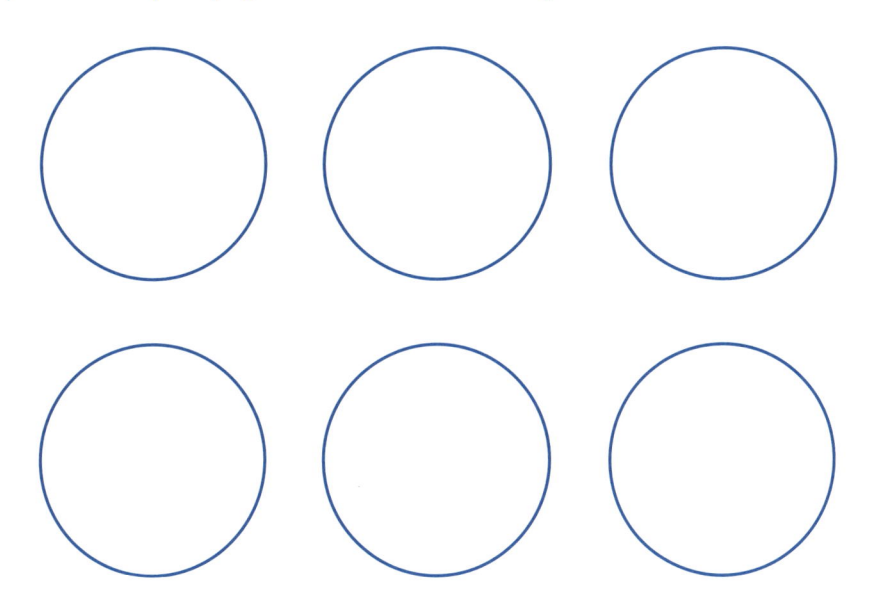

ENORME FRAGILIDADE EM DIVERSOS SETORES DA EC.

A pandemia também fragilizou vários setores da EC, como o **turismo**, a **música**, o **entretenimento**, os **eventos culturais** etc., uma vez que eles deixaram de contar com a presença das pessoas!?!?

O turismo, por exemplo (e tudo vinculado a ele) sofreu um enorme abalo, especialmente o internacional, com as restrições impostas à entrada de visitantes oriundos de outros países... No Brasil, em especial as pessoas mais acostumadas a viajar, procuraram como alternativa optar por viagens de automóvel para locais isolados e de menor risco, como casas de campo, sítios, fazendas etc.

Aliás, os aluguéis de casas para temporada em locais no meio da natureza e próximas das grandes metrópoles tiveram aumento significativo, e o desenvolvimento desse turismo doméstico promoveu o aparecimento de três tendências que deverão perdurar após a pandemia. A primeira foi o surgimento intenso em 2020 e 2021 do turismo "**ultralocal**", ou seja, as pessoas indo muito mais para as cidades próximas – o que no caso dos paulistanos incluiu cidades como São Roque e Ibiúna, entre 50 e 70 km de distância.

A segunda tendência foi a "**descentralização do turismo**", caracterizado por menos turismo de massa para locais que costumavam atrair muito público – como as cidades litorâneas – e mais para cidades fora do eixo turístico tradicional. E a terceira tendência foi a maior exigência quanto a "**limpeza e higienização**" por parte dos hotéis, dos *resorts* (hotéis com entretenimentos), restaurantes, propriedades para aluguel etc., o que deverá se tornar uma preocupação permanente para os visitantes.

Já no campo do entretenimento, mais especificamente no que se refere a música, com a proibição do público participar de grandes *shows* (espetáculos, concertos etc.), as *lives* (transmissões ao vivo de áudios e vídeos na Internet) conquistaram um espaço próprio, o que indica que isso dificilmente será abandonado no futuro, no cardápio de lazer e na distração. De fato, o uso da Internet permitiu um certo alívio para a indústria cultural como um todo.

Assim, com o patrocínio de *shows* virtuais de grandes artistas nacionais e internacionais por grandes empresas, as *lives*, especialmente de música, foram se multiplicando...

Aliás, as maiores *lives* de música do YouTube foram de artistas brasileiros !?!? Claro que vários outros setores da EC foram seriamente afetados pela pandemia, mostrando sua grande **vulnerabilidade** e cada um deles procurou novas formas para funcionar e sobreviver, como por exemplo o de gastronomia, que, como dito anteriormente, voltou-se para o *delivery*

01

Sem dúvida foi o setor de turismo que mais foi abalado pela pandemia. Em 29 de novembro de 2021, a Organização Mundial de Turismo (OMT) divulgou que o setor terminaria o ano com uma perda da ordem de U$ 2 trilhões, e estimando que a recuperação a partir de 2022 será frágil e lenta. Estima-se que desse montante, algo próximo de U$ 100 bilhões tenham sido as perdas do turismo brasileiro, o que obviamente afetou centenas de milhares de trabalhadores que ficaram sem emprego.

Bem, todos devem estar atentos a todos esses NNs, ou seja, às mudanças que aconteceram na economia, no trabalho, no comércio eletrônico, na educação, na saúde e nos vários setores da EC, pois aqueles que se consolidarem no pós-pandemia sem dúvida representam novas oportunidades para serem mais bem exploradas. Vamos **torcer** para que no pós-pandemia tenhamos um mundo **JUCI** – mais **justo**, **unido**, **consciente** e **igualitário**!!!

BRILHE 21

A três pessoas, **uma delas com bom pensamento (ou raciocínio) lógico**, são entregues pedaços de papel, cada qual com um número inteiro diferente escrito nele.

As três recebem a seguinte informação: a **soma** de dois dos três números diferentes é igual a **25**, enquanto o **produto** de dois deles é **120**.

Solicita-se aos três participantes que, depois de um tempo estipulado, eles isoladamente informem quais são os **três números secretos**!!!

Em pouquíssimo tempo, aquela pessoa com mais aptidão e raciocínio lógico afirmou que sabia quais eram os três números!!!

Como essa pessoa fez isso, e quais são esses números?

CAPÍTULO 7

A DESTRUIÇÃO CRIATIVA DO TRABALHO

Vivemos certamente numa época de uma transformação maior que qualquer outra geração precisou enfrentar no tocante ao trabalho. E os incríveis avanços tecnológicos têm afetado não somente as carreiras, os negócios e governos, mas os próprios conceito de **trabalho**, tal como o conhecíamos...

Surgiram assim perguntas aterrorizantes, como:

- O que vai acontecer com os motoristas quando os carros, os ônibus e os caminhões forem autônomos?
- Onde trabalharão as pessoas que ficam nos caixas de supermercado, quando nesses locais forem implementados sistemas automáticos capazes de registrar as compras feitas, receber o pagamento dos clientes e então liberá-los para a saída?
- O que farão os cozinheiros quando todas as cozinhas forem equipadas com robôs?
- Quem recorrerá aos médicos quando praticamente todas as doenças forem diagnosticadas por sensores?

BRILHE 22

O que de interessante ou expressivo você pode dizer a respeito de:

a. Separar-se do(a) namorado(a).
b. Destruir completamente seu carro, que já tem 5 anos de idade, num acidente simulado....
c. Não ter nenhum(a) amigo(a).

Na 3ª Revolução Industrial, condicionou-se o trabalho para ser feito em **tarefas individualizadas e padronizadas**, o que atendeu de maneira adequada as suas exigências.

Agora, entretanto, essas atividades previsíveis têm sido rapidamente substituídas por soluções tecnológicas para tarefas únicas, que são relativamente simples de construir. São as chamadas "máquinas inteligentes", que executam essas tarefas repetitivas e previsíveis.

Isso quer dizer que com o passar do tempo – **na realidade muito em breve** – todas as pessoas cujo trabalho é padronizado e previsível acabarão **perdendo seus empregos**!?!? A 4ª Revolução Industrial é hoje um fato! Ela está em franca evolução e, como já foi dito anteriormente, estamos vivenciando a era da robótica, da IA, da ML etc., o que está permitindo que com as intensas transformações digitais substituam-se profissionais cujas habilidades tenham sido adquiridas há dez anos ou menos.

Recorde-se que em 1942 o economista austríaco Joseph Schumpeter (1883-1950) revolucionou os estudos sobre a dinâmica e as leis que explicam as transformações econômicas ao lançar o conceito de "**destruição criativa**", em sua obra *Capitalismo, Socialismo e Democracia*, que se tornou uma referência mundial para se entender as mudanças radicais que ocorreram entre as economias industrial e do conhecimento.

O filósofo, escritor e ex-ministro da Educação da França, Luc Ferry, escreveu o livro *A Inovação Destruidora*, lançado em 2015 no Brasil, no qual destacou: "Não concordo muito com Schumpeter, pois **não é** a **destruição** que **cria**, mas é a **novidade** que **destrói**!!! E a novidade tem tudo a ver com o capitalismo, uma vez que sua lógica se baseia na **inovação permanente**.

Assim, nossos carros, computadores, *smartphones* etc., tudo já é planejado para que em pouco tempo saia da moda e se torne **obsoleto**, o mais rapidamente possível. Isso quer dizer que se torna necessário promover uma **inovação perpétua**, buscando sempre fazer com que tudo seja mais rápido, eficiente e poderoso.

E hoje essa inovação destruidora já não está apenas nos âmbitos da economia e do comércio, mas em várias áreas da vida moderna. Testemunhamos o surgimento de muitas empresas na Internet que sem dúvida trouxeram benefícios e vantagens para os seres humanos, em especial no que se refere a **conectividade** – inovações nos campos social e médico –, mas que também foram responsáveis pela destruição de milhões de empregos de trabalhadores que consagraram suas vidas a ofícios históricos que foram **extinguidos**!?!?"

Aliás, em 2013, o economista Carl Benedict Frey e o especialista em ML, Michael A. Osborne, publicaram um relatório chamado The Future of Employment: How Susceptible are Jobs to Computerisation (O Futuro do Trabalho: Quão Suscetíveis são os Empregos à Automação, em tradução livre). Nele foi desenvolvida uma metodologia para analisar a probabilidade de que mais de 700 tipos de empregos possam ser **automatizados**!!!

Eles concluíram que cerca de **47%** dos empregos nos EUA corriam o risco de ser substituídos por máquinas inteligentes (ou robôs), no decorrer da 3ª década do século XXI. Lamentavelmente, muitas das previsões de Frey e Osborne foram se tornando realidade e hoje já é possível até avaliar a probabilidade de que o seu próprio emprego ser extinto por uma máquina!?!?

No relatório do Fórum Econômico Mundial, divulgado no início de 2019, foram listadas as 10 principais competências que vão ser exigidas de um profissional a partir da 3ª década do século XXI. Duas delas são **adaptabilidade** e **flexibilidade**. De fato, quando se trata de mudanças uma característica fundamental – absolutamente vital (!) – é saber lidar com uma enorme quantidade de coisas novas acontecendo ao mesmo tempo, e se **adaptar** o quanto antes às mesmas.

Infelizmente o ensino tradicional não ensina os alunos a se **adaptarem** e **flexibilizarem**, porém, é exatamente isso que é exigido deles na vida real. Possuir essa capacidade de encarar e lidar com o que acontece ao seu redor – lembre-se dos mundos VICA e FANI, dos NNs –, sem deixar que nada o desoriente negativamente, mas buscando se tornar flexível e ágil, fará com que você consiga enxergar e compreender todos os acontecimentos como **oportunidades**, em vez de **obstáculos**.

O professor Richard Freeman, da Universidade de Harvard (EUA), que estudou os efeitos da IA sobre a economia, a educação e o mercado de trabalho, salientou:

> "A competição entre seres humanos e robôs por empregos qualificados já está intensa e irá se acirrar cada vez mais nos próximos anos. Daqui para frente, todo indivíduo que pleitear um aumento de salário precisará entender que haverá robôs melhores e mais baratos, capazes de substitui-lo. Assim, a preocupação não é apenas que os seres humanos não terão mais trabalho, mas que perderão empregos bons e bem pagos, como já está acontecendo no **campo da educação**.
>
> A **medicina** é outra vítima importante, visto que muito do trabalho nessa área já pode ser feito com o uso de IA. Máquinas inteligentes conseguem ver coisas que os médicos muitas vezes não percebem, e os algoritmos da IA levam a **diagnósticos mais precisos** que os elaborados pelos profissionais da saúde!?!?

No campo esportivo, muitas notícias já são preparadas por '**jornalistas robôs**'. No início eles se restringiam a comunicar os resultados das competições, mas com o progresso da IA eles foram se tornando mais 'perspicazes', e agora já são capazes de fazer comentários sobre o que aconteceu durante os eventos esportivos. Não há dúvida, portanto, que os robôs irão pouco a pouco substituir os seres humanos, até mesmo nos **trabalhos intelectuais**!!!

Por conta disso, precisamos nos preparar para trabalhar em conjunto com eles. Esse já é o caso dos robôs inteligentes que executam tarefas perigosas e trabalhos pesados, como apagar incêndios, por exemplo! Nesse tipo de situação os bombeiros podem permanecer no controle do combate ao fogo e enviar os robôs aos lugares mais complicados, para conter e eliminar as chamas.

Tornou-se imprescindível que o nosso sistema educacional ensine às crianças sobre as linguagens de computação, de modo que elas descubram desde cedo o que as máquinas inteligentes são capazes de fazer. Somente assim elas poderão se preparar e se ajustar ao novo cenário. Isso não significa que todos terão de se tornar especialistas em IA, mas sem dúvida devem compreender como ela está sendo utilizada nos mais diversos setores."

Doravante, o mercado de trabalho irá se diversificar cada vez mais, e de forma nunca vista até então. É essencial, portanto, que o profissional saiba valer-se do conhecimento e da experiência que já detém, mas jamais deixe de se **adaptar** às novas realidades.

Isso significa que para serem cada vez mais competentes, os seres humanos precisam investir nas outras nove competências apontadas no Fórum Econômico Mundial, que são:

1. Resolução de problemas complexos.
2. Pensamento crítico.
3. Criatividade.
4. Gestão de pessoas.
5. Colaboração.
6. Inteligência emocional.
7. Capacidade de análise, julgamento e tomada de decisão.
8. Orientação em servir.
9. Negociação.

BRILHE 23

Qual é a criatura viva que quando está machucada ou ferida torna-se muito, mas muito mais valiosa que quando está saudável?

Bem, a destruição do trabalho humano pela tecnologia não deve ser encarada apenas um **pesadelo**, mas sim como uma **realidade**!!! Por isso todas as pessoas vão precisar se capacitar para **novas profissões** que estão surgindo. Mais que isso, devem se preocupar para vencer a crise do **futuro do trabalho**!!!

Para conseguir isso é fundamental que elas se envolvam com o aprendizado de novos conteúdos, para adquirirem as habilidades demandadas pelo trabalho no futuro. Quem optar por viver conforme os velhos hábitos das gerações anteriores, seguramente correrá o risco de ficar desempregado e sem as condições para sobreviver.

Se nas décadas passadas os trabalhadores tiverem de batalhar para encontrar bons empregos, a partir de 2022 é praticamente indiscutível que os seres humanos – pelo menos um bom contingente deles – terão de "inventar" empregos, e por isso um dos objetivos desse livro é auxiliar o(a) leitor(a) a alavancar uma carreira por meio da criação de uma *startup*.

Nesse cenário, com tantas turbulências e mutações – uma que é evidente é a **falta de empregos** – as pessoas devem adquirir novos hábitos, dentre os quais estão:

1º) Fazer o que sonha, o que acredita, não aquilo que sugerem que faça.

2º) Apostar em novas atitudes e não ficar se apoiando apenas nas credenciais que já adquiriu.

3º) Desapegar-se de formalismos e vaidades, inspirando-se naqueles que estão progredindo devido a adoção de novas tecnologias.

No País, terminou-se 2021, com cerca de 12,9 milhões de pessoas desempregados, **representando** 12,1% de toda a nossa força de trabalho. Esses números deixam bem claro que o nosso mercado de trabalho está muito fragilizado ainda. Espero, entretanto, que no pós-pandemia, que deve acontecer a partir de 2022, esse percentual de desempregados diminuia significativamente, porém, isso só vai acontecer se especialmente todos aqueles que buscam ter uma ocupação desenvolverem esforços reais e intensos para aumentar sua **empregabilidade** e principalmente a **trabalhabilidade**.

E isso deveria acontecer especialmente com cerca de 30% dos nossos jovens na faixa etária até 29 anos (um número próximo de 12,3 milhões no final de 2021) que não conseguem entrar no mercado de trabalho, fazendo parte do contingente "**nem-nem**", ou seja, de pessoas que nem trabalham nem estudam!?!?

Sem dúvida, as pessoas devem preocupar-se cada vez mais com que carreira profissional vão seguir e adaptar-se a todas as mudanças que ocorrem para manter elevado o seu índice de empregabilidade e principalmente garantir a sua trabalhabilidade.

Será que essa será umas das novas formas de se ter emprego daqui a uns 10 anos?

CAPÍTULO 8

PROFISSIONAL DO FUTURO – OCUPAÇÕES PROMISSORAS

Uma pesquisa anual do LinkedIn, divulgada em 14 de dezembro de 2019, listou as 15 profissões mais promissoras para o mercado em 2020. Doze foram na área de tecnologia e a primeira colocada foi especialista em IA, que exige também conhecimentos avançados em ML.

De fato, a demanda por esses profissionais cresceu muito nesses últimos anos e continua aumentando. O mercado de trabalho está sentindo isso e absorvendo as tecnologias emergentes, como IdC, BD, automatização com o uso de androides etc., o que está fazendo com que surjam muitas novas profissões, enquanto outras estão desaparecendo...

Áreas como segurança cibernética, biotecnologia, criptografia quântica, mercado de dados, captadores de carbono etc., estão no topo das que precisam de profissionais capacitados, e nas quais podem se desenvolver muitas *startups* nessa década.

Especialistas em futuro do trabalho têm destacado que as faculdades nos seus currículos deveriam criar uma disciplina para **vislumbrar o futuro**, em especial para que os alunos aprendam como antecipar-se no que concerne às demandas futuras do mercado de trabalho.

Essa nova disciplina poderia abordar explicações sobre como desenvolver atividades em diversas áreas interessantes, por exemplo: mineração espacial (particularmente nos asteroides...), terapia genética, gestão climática, pensamento matemático (*mathematical thinking*), arquitetura nas novas realidades urbanas, nanotecnologia voltada para robôs, ciência de dados (aliás, esse já é um dos melhores empregos disponíveis, conforme veremos mais adiante).

Particularmente nos cursos de engenharia do País, deveriam ser introduzidas mudanças radicais em seus currículos que permitissem às IESs formar estudantes capazes de lidar com os desafios trazidos pela Industria 4.0, ou seja, com IdC, automação, IA, ML etc.

Vivemos num mundo em que os problemas são multidisciplinares, envolvendo questões ambientais, éticas e legais, porém, especificamente no caso de um curso de engenharia, ele deve continuar tendo uma forte e atualizada base em matemática, física e computação, pois caso contrário não será engenharia, apenas "**enganaria**"!?!?

> **01**
> Como se costuma dizer: "O **futuro** começou ontem, e muitos de nós se atrasam bastante em perceber isso!!!"

Claro que o **futuro** é imprevisível, porém, podemos moldar alguns **futuros**. São os futuristas que se debruçam nos estudos sobre esses futuros. O trabalho deles, entretanto, **não é adivinhá-lo**, um papel que cabe somente aos **profetas** (!?!?). Existem nos dias de hoje competentes **futuristas digitais** (!!!), que transformaram o futurismo numa disciplina que, sob forte influência do **pensamento científico**, se propõe a imaginar cenários vindouros.

No futurismo trabalha-se com cinco segmentos:

- Passado.
- Presente.
- **Futuro emergente** (no curto prazo, com menos de cinco anos).
- **Futuro pós-emergente** (no prazo de 5 a 10 anos).
- **Futuro futuro** (acima de 10 anos).

O objetivo é estudar, explorar e acelerar as possibilidades de um **futuro pós-emergente**. Portanto, e mais uma vez, os futuristas não são tarólogos nem adivinhadores, tampouco profetas, mas alguém que:

1º) **Apresenta ideias**, novidades, estratégias e imagina muitas possibilidades, analisando os seguintes futuros:

Provável, o com maior possibilidade de ocorrência.

Plausível, ou seja, o aceitável.

Desejável, o que reúne razão, imaginação e emoção.

Temível, aquele que apavora as pessoas.

2º) **Vale-se de experiências**, isto é, apoia-se na realidade, segue processos e procura ser prático.

3º) **Baseia-se em fatos**, o que lhe possibilita demonstrar confiança naquilo que apresenta, pois está fundamentado no raciocínio científico e numa forma de pensar bem organizada.

No final de 2020, alguns futuristas divulgaram as **megatendências** para até 2030, e entre elas estavam:

- Vida saudável.
- Compras reinventadas.
- Consumidores muito conectados.
- Mundo sem fronteiras.
- Valorização da economia da experiência (diversos setores da EC).
- Vida ética.

Agora, vivenciando nossos primeiros anos da 3ª década do século XXI, podemos comprovar que elas de fato estão se consolidando, **não é?**

Já, para termos uma outra exemplificação do que os futuristas – entre eles o famoso Ian Pearson, da Inglaterra – anteciparam para 2050, destacam-se:

- Mais avós que netos!!!
- Mais robôs que trabalhadores humanos!!!
- Mais alimento sintético que natural!!!
- Praticamente só dinheiro virtual!!!
- Mais mulheres ricas que homens.
- Muito mais computadores que cérebros humanos.
- Carros autônomos em todas as partes.
- Roupas com poderes super-humanos.
- Proliferação do turismo no espaço.
- Transporte em trens supersônicos.

E tudo isso parece bem possível de se tornar realidade, pois são cenários bem plausíveis, **não é mesmo**?

É evidente que nenhum futurista ou futurólogo pode afirmar o que irá acontecer de forma **exata** no futuro, mas sem dúvida ele pode apresentar bons prognósticos, em especial aqueles ligados ao progresso tecnológico, indicando inclusive as possíveis rupturas ou descontinuidades.

Aliás, a futurista brasileira Jaqueline Weigel afirmou: "Ninguém tem controle sobre o que vai surgir, mas pode controlar o que quer construir." Daí, obviamente que a melhor forma de se **prever o futuro**, em especial no que concerne à carreira profissional, é reinventando-o. Isso envolve uma melhoria contínua nos 3As de cada indivíduo – **adaptabilidade**, **agilidade** e **aperfeiçoamento** –, para que ele tenha uma grande probabilidade de competir com sucesso no futuro no mercado de trabalho!!!

Neste sentido, minha sugestão é a leitura do livro escrito por Coimbatore Krishnarao Prahalad (1941-2010) – um indiano que chegou a ser considerado o **mais influente pensador do mundo** dos negócios em sua época – e Gary Hamel, cujo título é Competindo pelo Futuro.

Tiago Mattos, um brilhante futurista brasileiro, destacou: "Uma parte do trabalho de um futurista é **captar sinais**!!! Outra é deixar que esses sinais nos catapultem para **cenários futuros**. A terceira parte é **tangibilizar** esses cenários num discurso **amigável**. Isso quer dizer que a tarefa do futurista é saber conduzir as pessoas para realidades até então **imaginadas** apenas por ele próprio!!!"

É por isso que alguns dos maiores autores de **ficção científica** (como Julio Verne, George Orwell, H.G. Wells, Arthur C. Clarke etc.) são venerados pelos futuristas, pois eles foram realmente **grandes futuristas**!!! O futurista responsável, porém, é aquele que sabe que a sua função não é a de **chocar**, isto é, de criar pânico, mas de oferecer as ferramentas e descrever as possibilidades para tudo de desconfortável que pode acontecer no futuro.

Isso porque **futurismo sem empatia mais atrapalha que ajuda**!!!

No Brasil, deve-se salientar que a partir de 2014, o Serviço Social de Indústria (Sesi), em sua grande rede de ensino particular, reformou sua matriz curricular e introduziu o modelo STEAM [um acrônimo para o ensino que destaca *Science* (Ciência), *Technology* (Tecnologia), *Engineering* (Engenharia), *Arts* (Artes) e *Mathematics* (Matemática)].

O que é muito bom para quem quer atuar em alguns setores da EC, como *design*, *videogames*, pesquisa e desenvolvimento etc. Na realidade os alunos do currículo STEAM dedicam-se ao longo do ano ao desenvolvimento de projetos interdisciplinares, nos quais podem aplicar seus conhecimentos das cinco diferentes áreas, contando para isso com laboratórios bem equipados.

Pois é, nas cerca de 583 unidades que o Sesi possui no País usa-se a abordagem pedagógica é STEAM, ou ao menos STEM (sem destaque para as artes), na qual enfatiza-se muito o pensamento matemático. Vale a pena refletir sobre o que declarou o ex-governador do Espírito Santo, Paulo Hartung, num artigo seu no jornal *O Estado de S.Paulo* (de 1º de junho de 2021):

> "É preciso que o País abra espaço e avance de forma efetiva na seara da educação profissional e tecnológica, não perdendo dessa maneira uma oportunidade estratégica para a construção do futuro de nossas atuais gerações. Ao pensar a educação para o novo tempo – era da Indústria 4.0 –, no qual temos tanta automação, IA, ML, BD etc., os governos devem introduzir um sistema de colaboração entre as diversas redes de formação e organizar o campo de educação técnica em todas as nossas cidades. O Brasil precisa, portanto, ampliar e qualificar as condições de formação da juventude para que os aprendizes possam ter um trabalho promissor no futuro."

Nesse sentido, uma boa ideia seria se as nossas IEs, tanto da rede pública como da privada, pelo menos se "**apoiassem**" no currículo implementado nas escolas do Sesi, **não é?** Porém, a notícia triste no campo da educação foi a sensível queda no aprendizado nos anos de 2020 e 2021.

Segundo uma estimativa do Instituto Unibanco, num trabalho realizado em parceria com o Insper, indicou que houve um **brutal impacto econômico**, ao ter ocorrido a substituição das aulas presenciais pelas virtuais na formação dos estudantes da rede pública do ensino médio (e, aliás, houve também algo parecido, em grau um pouco menor, na rede privada...).

Só em 2020, o fechamento das IEs por conta da pandemia da *Covid-19* custará muito caro para as novas gerações. Como muitos adolescentes e jovens não se adaptaram ao **ensino remoto**, o déficit de aprendizagem que tiveram os levará a perder cerca de R$ 700 bilhões – um décimo de PIB (produto interno bruto) do País – quando se tornarem adultos!?!?

E como em 2021 não houve um retorno pleno ao ensino presencial – vigorou um ensino híbrido – essa perda continuou, apenas num montante um pouco menor... É importante **destacar** que além dos conhecimentos técnicos, para os próximos anos, os novos profissionais precisam ter competências sociais diferenciadas (ver no livro 3) e visão estratégica. São as chamadas "**habilidades comportamentais**" (*soft skills*), tais como liderança, negociação, comunicação, empatia etc.

Em seu livro *Os Humanos Subestimados* (editora DVS) Geoff Calvin, enfatizou: "A **empatia** é a base de todas as outras competências sociais, que cada vez mais tornam as pessoas valiosas na medida que a tecnologia avança. Quando as máquinas inteligentes e os algoritmos de IA estão rapidamente assumindo muitas das tarefas feitas até então por seres humanos, as funções mais valiosas das pessoas passaram a ser as **sociais**!!!

Ninguém pode esquecer que somos seres fundamentalmente sociais – que evoluímos para criaturas que não conseguem sobreviver ou ser produtivas sem **relacionamento social**!!! E a empatia é o primeiro elemento de como tudo isso acontece, a base de cada relacionamento significativo.

E a empatia é o primeiro elemento de como tudo isso acontece, a base de cada relacionamento significativo. Empatia significa saber **discernir** o que a outra pessoa está pensando e sentindo, e **responder** de alguma maneira apropriada. Portanto, a empatia vai muito além de apenas sentir a dor de cada pessoa.

Identificar a alegria, raiva, comprometimento, confusão ou qualquer outro estado mental é igualmente importante. A empatia não se refere apenas a entender o estado mental de alguém porque você se preocupa com esta pessoa e quer ajudá-la. Todos nós passamos pela experiência diária de assumir as emoções dos outros. Fomos concebidos para ter empatia. Ela faz parte de nossa natureza essencial. E não podemos obtê-la (ainda...) com os *softwares* que alimentam as máquinas inteligentes!?!?"

Muitas pesquisas recentes apontam que os robôs devem ocupar cerca de 800 milhões de postos de trabalho dos seres humanos até 2030. Por essa razão, conhecer quais serão as **profissões do futuro**, não é apenas uma questão de se conscientizar sobre o que já se divulgou em livros e diversos filmes e vídeos de ficção científica, mas sim para se poder tomar um rumo correto que leve a melhor escolha de uma carreira para os próximos anos.

Entre as **profissões do futuro**, isto é, as ocupações profissionais para as quais há uma grande probabilidade de valorização (muitas das quais já estão em evolução...) temos as seguintes:

1ª) **Detetive de dados** – É o profissional apto para investigar e levantar dados para que uma proposta de negócio possa gerar os melhores resultados. Ele precisa obviamente de conhecimentos e habilidades para coletar, estruturar e analisar dados e obter informações para os negócios, identificando, por exemplo, os padrões comportamentais dos seus clientes!!!

Com o desenvolvimento da Internet, passou-se a gerar no planeta diariamente muitos bilhões de dados, e para analisá-los podemos recorrer ao BD, BA e BI. Por exemplo, no setor financeiro, nas áreas de crédito e de fraude, com as informações históricas, o **detetive de dados**, ou melhor, o **cientista de dados** pode avaliar qual é o risco de um banco ao fazer empréstimos, o que para essa instituição é uma **informação essencial**.

No momento, no Brasil, há uma falta de pessoas qualificadas que possam ser chamadas de cientistas de dados, ou seja, capazes de descobrir entre tantos dados disponíveis aqueles que apontem para os novos padrões de comportamento.

2ª) **Especialista em carros elétricos** – Atualmente todas as montadoras de carro estão focadas na eletrificação dos automóveis, e a maioria já possui em seu portfólio veículos elétricos, ou ao menos híbridos (elétrico e movido a combustível).

No futuro da mobilidade a grande tendência é que as pessoas tenham cada vez mais carros elétricos (como já aconteceu com os híbridos usando dois tipos diferentes do combustível) e algumas décadas adiante utilizem veículos movidos pela célula do hidrogênio e os autônomos.

A disseminação dos carros elétricos é um **caminho sem volta** e isso indica que se necessitará cada vez mais de muita gente capaz de torná-los cada vez melhores, reduzindo rapidamente os custos de sua "**alma**": **a bateria**!!! Os governos de vários países já estabeleceram prazos para o fim de produção de carros a combustão, e as montadoras já estão se preparando para esse novo cenário.

Por sinal, nos EUA, o presidente Joe Biden prometeu que até o fim de seu mandato, no início de 2025, já haverá instalados no país cerca de 500 mil postos onde os proprietários de carros elétricos poderão recarregar suas baterias!!!

Não se pode esquecer que o uso dos carros elétricos trará muitas vantagens sobre aqueles à combustão, tais como: não emissão de poluentes, alta eficiência energética, manutenção mais barata, silêncio, menor custo por quilômetro rodado, etc.

3ª) ***Walker-talker* ("Passeador/conversador", em tradução livre)**
Um profissional autônomo que se dispõe a passar parte do seu tempo com pessoas idosas ou solitárias, conectado a eles por uma plataforma *online* para escutá-las, conversar com elas, prestar atenção no que dizem, aliviar sua ansiedade, estando também disponível para visitar essas pessoas no lugar em que elas vivem, para inclusive dar uma caminhada com elas, quando isso for possível... Para exercer bem essa função, o *walker-talker* precisa ser bastante empático.

4ª) **Perito (*expert*) em *marketing* digital** – Como as previsões projetam, que a interação *online* será cada vez maior no futuro, a perícia por parte de um profissional de *marketing* digital será cada vez mais necessária para que as pessoas e empresas possam fazer sua divulgação e acompanhar as mudanças de mercado.

5ª) **Técnico de saúde assistida por IA** – É um profissional que irá diagnosticar e gerenciar tratamentos apropriados para pacientes, auxiliado por tecnologia e por médicos acessíveis de modo remoto, ou seja, que pratiquem a telemedicina. Esse profissional deve ter também como requisito mínimo formação em enfermagem.

6ª) **Conselheiro para o bem-estar** – Esse profissional do futuro trabalha remotamente, oferecendo *coaching* (orientação e treinamento) individual e conselhos de bem-estar para usuários de *wearables* ("vestíveis") inteligentes, que monitoram suas atividades e seus sinais físicos. É fundamental que esse profissional tenha bons conhecimentos nas áreas de educação física, nutrição e de algumas modalidades esportivas.

7ª) **Especialista em saúde mental** – Esse profissional certamente não será substituído por máquinas inteligentes num futuro próximo. De fato, com a ampliação na variedade de doenças mentais, como já está ocorrendo, psicólogos, terapeutas e psiquiatras serão cada vez mais consultados!!!

8ª) **Gestor de grupos formados por seres humanos e máquinas inteligentes** – Sua função principal é a de desenvolver um sistema de interação para que pessoas e robôs se conectem melhor, ou seja, "**dialoguem**" de maneira mais eficiente. Para executar bem esse trabalho o profissional precisa de formação em psicologia ou neurociência, além de qualificação em ciência da computação e experiência com ML.

9ª) **Analista de *quantum machine learning* ("aprendizado de máquina quântico")** – Esse é o profissional que pesquisa e desenvolve soluções de ponta que acelerem e tornem mais efetivos sistemas e algoritmos, integrando duas disciplinas: *machine learning* e computação quântica.

10ª) **Analista de IdC** – Profissional da área de TI responsável por sistemas que promovam interconexão digital entre diversos objetos.

11ª) **Defensor da ética na tecnologia** – Com os robôs assumindo diversas tarefas, inclusive de atendimento a clientes, um novo campo jurídico deverá surgir para intermediar a relação entre humanos, robôs e IA!?!? Esse novo profissional estabelecerá e controlará "regras morais e éticas" que deverão ser seguidas pels máquinas inteligentes.

12ª) **Fazendeiro vertical** – As "**fazendas**" verticais já existem em Nova York, Londres e outras grandes metrópoles, e tendem a se expandir para todas as outras cidades grandes e médias do planeta. É uma tendência de cultivo, que consiste em plantar verduras, flores, algumas frutas e aumentar a área verde em prédios e terraços. Aliás, isto está evoluindo também para o cultivo de alimentos nos grandes centros urbanos, abrindo oportunidades de trabalho para profissionais com conhecimentos em engenharia agronômica, nutrição e novas tecnologias de produção de comida.

13ª) **Especialista em bioinformação** – Esse profissional será cada vez mais requisitado, pois a função principal dele consistirá em criar mapeamentos genéticos para a prevenção de doenças e epidemias. Claro que esse profissional deverá ter um grau avançado em estudos em biologia e genômica, além de boas habilidades de gestão e comunicação.

14ª) **Programador de entretenimento pessoal** – Profissional que prestará serviços de consultoria, auxiliando seus clientes na escolha de *shows*, séries de vídeo, restaurantes, competições esportivas, passeios, visitas a museus e teatros etc., e tudo que estiver ligado ao entretenimento e lazer. Empresas como Netflix, Amazon, Google, Facebook etc., já utilizam esses programadores e a estimativa é que até 2030 muitas outras empresas se adaptarão para oferecer esse tipo de serviço.

15ª) **Condutor de *drones*** – O uso de *drones* por setores como segurança, monitoramento de plantações, entrega de produtos etc., será cada vez mais comum, portanto, profissionais que souberem controlar bem esse equipamento terão um espaço bem amplo no futuro mercado de trabalho.

16ª) **Cuidador de cibercidade** – Esse profissional garantirá a segurança e a funcionalidade da cidade, ao assegurar um fluxo saudável de dados (ambientais, populacionais, transportes públicos etc.) por um sistema de comunicação que atenda aos munícipes. Caberia também a ele monitorar o espaço aéreo e as estradas municipais. Ele também poderia ser chamado de **gestor digital** da cidade!!!

17ª) **Guia de loja virtual** – Possuidor de um adequado ambiente de trabalho remoto, com boa experiência em vendas e excelente habilidade de comunicação, esse profissional prestará aos clientes um atendimento virtual e instantâneo em ambientes virtuais.

18ª) **Curador de memórias pessoais** – Profissional responsável pela recriação e montagem de experiência passadas de clientes que perderem suas memórias (!?!?), utilizando para isso a realidade virtual. Dentre as habilidades necessárias estão perfil criativo, elevado nível de inteligência emocional, capacidade narrativa (*storytelling*).

19ª) **Especialista em energias renováveis** – Com a aceleração das mudanças climáticas, tem aumentado cada vez mais a demanda por profissionais capacitados para cuidar do meio ambiente, sem obstruir os avanços tecnológicos. Um curso bem útil nessa área será o de **engenharia ambiental**.

20ª) **Especulador de moedas alternativas** – As moedas virtuais (criptomoedas) também vieram para ficar, o que significa que nos próximos anos haverá muitos, os profissionais capacitados para atuar nesse novo nicho da economia.

01

Atualmente um novo perfil de profissional está cada vez mais no radar das empresas – o **futurista**. Este, como já foi explicado antes, nada mais é que o profissional que se debruça sobre os chamados *future studies* (ou "**estudos futuros**", em português), algo também conhecido globalmente como *foresight* ("visão do futuro") ou *trends forecasting* ("previsão de tendências").

Embora a ideia de **prever o futuro** possa remeter a interpretações incorretas, como recorrer a "cartomantes" ou "bolas de cristal" (!?!?), essa é de fato uma **profissão séria**. Os futuristas fazem algo bem distinto, ou seja, imaginam **futuros possíveis**, fundamentando-se em dados. Em todas as nações, em especial nas mais desenvolvidas, esses profissionais têm sido recrutados para fazerem parte dos setores estratégicos das empresas privadas e públicas.

O motivo para isso é simples, pois como já foi ressaltado, nos deparamos cada vez com muitas incertezas e transformações aceleradas nessa época, em quase todos os setores. As organizações querem assim compreender com antecedência os possíveis movimentos alteradores e as novas tendências. Sem dúvida é grande a probabilidade de que essa profissão **exploda exponencialmente** e, de uma certa forma, todos nós seremos **pensadores do futuro**, o que será uma grande **mudança cultural**!!!"

Muitos futuristas acreditam no breve surgimento da **singularidade**, entre eles Ray Kurzweil, considerado um dos maiores visionários do mundo, que inclusive recebeu de especialistas no assunto o apelido de "**Sr. Futuro**". O motivo é simples: desde que ele escreveu, em 1998, o livro *A Era das Máquinas Espirituais*, no qual fez previsões para os anos de 2009, 2019, 2029 e 2099, das 108 delas relativas a 2009 e 2019, 89 se **materializaram**!!!

Para Kurzweil, até 2040, como a inteligência não biológica (ou inteligência artificial) será um bilhão de vezes mais rápida que a humana a **superará em praticamente todas as atividades**. De fato, a singularidade tem um toque de ficção científica, mas não é impossível que ocorra!?!?

É o momento em que a IA se tornará uma inteligência para além da humana, e no qual máquinas (dispositivos) e humanos vão se misturar. Haveria, inclusive uma ruptura da nossa própria biologia, isso porque implantes no nosso cérebro seriam capazes de ampliar nossa memória e inteligência e próteses diversas substituiriam as partes diversas do nosso corpo com defeito.

Alguns imaginam até uma **vida eterna** (!?!?), sendo que certos multibilionários já planejam realmente se **tornar imortais**!?!? Para trilhar a carreira de **futurista**, um requisito fundamental é **profunda curiosidade**, mas fundamentada, entretanto, em **métodos**, não se apoiando jamais em meros **achismos**.

Ray Kurzweil é hoje considerado um dos maiores inventores, pensadores e futuristas do mundo, com um histórico de mais de 30 anos de **previsões precisas**. Ele já foi chamado de "**o gênio inquieto**", pelo jornal norte-americano *The Wall Street Journal*, foi cofundador da Singularity University, uma escola dedicada ao futurismo e trabalhou para a Google como diretor de engenharia. Na época, o objetivo era aprimorar a tecnologia do carro autônomo da empresa.

Ele também escreveu alguns livros, no mínimo provocantes, como o intitulado *A Singularidade Está Próxima* (lançado em 2005), no qual se debruçou sobre a data no tempo futuro quando as tecnologias alcançarão um papel explosivamente transformador, pois conseguirão superar a inteligência humana...

O autor explicou: "O paradoxo está no fato de que a inteligência biológica pode ser educada e até mais bem organizada, mas não pode mais passar por evoluções significativas, ao passo que a inteligência não biológica – a dos computadores, por exemplo – tem sua **capacidade multiplicada por mil** a cada década que passa, e esse ritmo de incremento de capacidade deve acontecer em menos tempo com o passar do dos anos...

O cérebro humano possui uma capacidade de cerca de 1026 cálculos por segundo, e isso não mudará muito nos próximos 50 anos. Nosso cérebro usa o sistema eletroquímico de transmissão de dados que viajam por entre os neurônios, milhões de vezes mais lentamente que nos computadores.

Comunicamos nosso conhecimento usando a linguagem (numa conversação, num discurso, numa aula etc.) um milhão de vezes mais devagar do que os computadores conseguem transmitir suas informações. A inteligência não biológica se torna a cada ano que passa mais rápida que o nosso cérebro.

Utilizei a palavra 'singularidade' como uma metáfora, para caracterizar a data em que as máquinas serão mais inteligentes que os seres humanos, e fiz a seguinte previsão: **a singularidade ocorrerá até 2045**!!!"

> Naturalmente se poderia citar mais várias dezenas de novas profissões para a próxima década, mas, por enquanto, a sugestão é que também não se esqueçam das oportunidade de trabalho que são oferecidas nos **18 setores da EC**!!!

Não é desse jeito que se vai poder prever o futuro com alta probabilidade, **não é mesmo?**

Para concluir, é preciso ficar atento aos trabalhos humanos que estão desaparecendo e, neste sentido, vale refletir sobre a frase do autor, pintor, cantor e artista norte-americano, Robert Allen Zimmerman – o Bob Dylan –, que ficou famoso por canções como *The Times They Are a Changin'* (algo como *Os Tempos Estão Mudando...*), de 1963, em cuja letra ele destacou: "Admita que as águas ao seu redor subiram, e que logo você estará encharcado até os osso [...] É melhor começar a nadar, ou afundará como uma pedra..."

Atualmente é indiscutível a ocorrência de grandes mudanças no que se refere a "**onde**" e "**como**" os seres humanos irão (ou poderão) trabalhar no futuro, porém, uma coisa com certeza não acontecerá – **o trabalho humano jamais desaparecerá**!!!

01
Mas afinal de contas, o que está certo futurólogo ou futurista?

Bem, inicialmente deve-se destacar que **prever**, **entender** e **construir** o futuro foram sempre os desejos dos seres humanos ao longo dos séculos. Esses desejos foram representados na história da humanidade por meio da **astrologia**, da **mitologia**, das **religiões**, dos **rituais**, da **magia** e de **diversas outras expressões** que hoje são consideradas místicas!!!

O surgimento da **futurologia**, contudo, marca o momento em que as **previsões de futuro** passaram da esfera esotérica para a científica, isto tendo acontecido no início do século XX especialmente. Mas até hoje ao se usar a palavra futurologia ela remete algumas pessoas a algo místico, pela sua sonoridade de **caráter premonitório**, bem dentro do campo das adivinhações, com direito a um cenário decorado com **turbante**, **estrelinhas** e **bola de cristal**!?!? Tem gente inclusive que confunde **futurólogo** com **tarólogo**!?!?

Porém, a futurologia – *future studies*, *trends forecasting etc.*, como já foi dito – é atualmente uma ciência social cujo objetivo é estudar e mapear **futuros possíveis**. As previsões feitas por um futurólogo são elaboradas sempre com base em quatro áreas de pesquisa: **história**, **ciência**, **comportamento** e **dados**. Essas previsões de futuros possíveis devem vir sempre atreladas ao propósito de permitir que o futuro se aproxime dos cenários mais otimistas mapeados e, obviamente, seja melhor que o presente!?!?

Portanto, futurologia não é **magia**!!! Nela, nenhuma previsão ou tendência é estabelecida de maneira radical ou irreversível, ou seja, "gravada a ferro e fogo". Acontecimentos políticos, culturais, tecnológicos e naturais podem alterar drasticamente o percurso projetado e, não raramente o fazem... Como as tendências costumam ser analisadas com cerca da 5 anos de antecedência (em geral...), as implicações práticas das mesmas nem sempre serão exatamente como as descritas.

Isso significa que é factível o futurólogo (ou futurologista) **projetar** e **acertar** quanto ao comportamento e às demandas das pessoas, mas não necessariamente quanto às ferramentas ou tecnologias que refletirão ou possibilitarão a ocorrência das tendências na sociedade, incluindo-se aí naturalmente o **futuro do trabalho** e o **trabalho no futuro**.

Há pessoas, entretanto, que não gostam de ser chamadas de futurólogas, pois isso soa como se fossem **farsantes místicos**. É por isso que o termo mais popular para esse profissional é **futurista**, o que nada tem a ver com os seguidores da **escola artística** que teve uma certa repercussão mundial entre 1909 e a década de 1930.

Os futuristas são pessoas que aprendem a utilizar o **pensamento sistêmico**, a analisar as mudanças sociais, a entender e usar as metodologias quantitativas e qualitativas, a conhecer estatística, geopolítica e a valer-se também dos métodos intuitivos para poderem detectar os sinais – que a maioria não capta – que podem mudar tudo no futuro, o que é de interesse de todos. Sendo futurólogos ou futuristas, o que todo mundo deseja saber deles é como se devem reorientar e reinventar para poderem se adaptar às necessidades futuras, especialmente no mundo do trabalho!!!

Claro que tudo isso tem a ver com **futurabilidade**, ou seja, a maneira como devemos proceder para fazer parte do futuro **com sucesso**!!! A futurabilidade está relacionada com a nossa capacidade de viver na **velocidade do presente**, mas com visão do que poderá acontecer nos próximos anos, observando as profissões e carreiras que estão sendo extintas, bem como as que estão sendo criadas, de modo a perceber quais conhecimentos e competências precisam ser adquiridas para a garantir a sobrevivência.

01

Foi o filósofo, escritor, professor e agitador cultural Franco "Bifo" Berardi quem estabeleceu o conceito de **futurabilidade**, em suas elucubrações sobre a multidimensionalidade do futuro, a pluralidade dos futuros incertos no presente, a composição mutável de intenção coletiva etc. tendo escrito isso em um de seus livros, *Além do Colapso*: "Em primeiro lugar quero destacar que não sou vidente, mas quando digo que estamos entrando na **era da extinção**, quero dizer que no horizonte futuro a única conclusão linear das tendências existentes – aquecimento global, poluição, superpopulação, proliferação de guerras, surgimento de pandemias etc. – que obtenho dentro de uma perspectiva realista é a da extinção da espécie humana (o que parece cada vez mais provável...). Mas estou convencido também de que o **inevitável** muitas vezes não ocorre porque **o imprevisível tende a prevalecer**!!!"

Vamos, porém, encarar ou compreender a futurabilidade de uma forma menos apocalíptica que o Berardi, ou seja, considerando que ela é a junção de **futuro + habilidade**. Essa combinação se refere à nossa preocupação em descobrir qual (ou quais) habilidade(s) nos dará(ão) empregabilidade e/ou trabalhabilidade num futuro imediato ou bem próximo.

E assim vamos entender a futurabilidade no contexto de que se soubermos lidar com as mudanças cada vez mais rápidas que ocorrerão, e nos manter continuamente atentos aos 3As (**adaptabilidade, agilidade e aperfeiçoamento**), isso vai minimizar a nossa incapacidade de **conceber exatamente** o que está por vir, porém nos deixará aptos a **sobreviver**!!!

Portanto, para vencer os temores da futurabilidade sem dúvida, é imprescindível saber **se adaptar**, tornar-se cada vez **mais ágil** (livro 2) e **aperfeiçoar-se** continuamente (livro 3), **recriando-se, reinventando-se** e **ressignificando** suas atividades e as tarefas que já sabe executar!!!

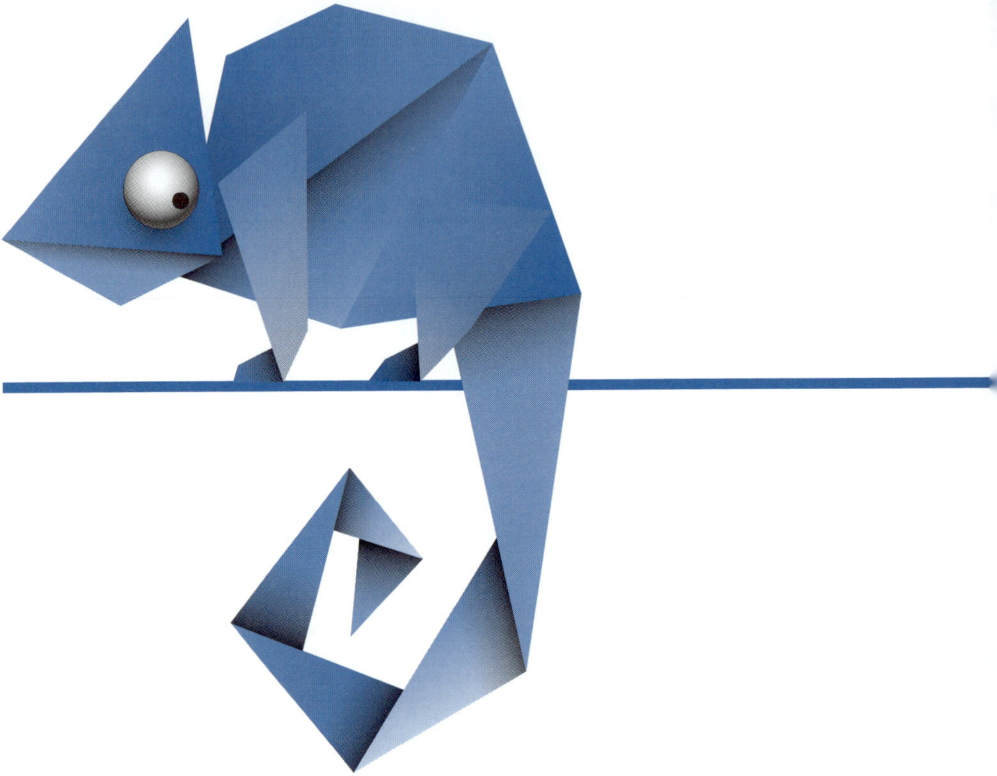

RESPOSTAS E SOLUÇÕES PARA OS BRILHE

BRILHE 1
Comentários sobre as afirmações

- Sem dúvida, do contrário ela não ocorre!
- Comparada com o quê? Em que contexto?
- Na realidade é muito mais que isso, ou seja, ela permite inicialmente a sobrevivência, para depois provavelmente nos levar ao crescimento!!!
- Isso mesmo, parabéns, e deve-se continuar a proceder assim para sempre!!!
- Correto, só que ele não pode desaparecer nunca!!!

BRILHE 4

Você certamente precisou rabiscar muitas páginas até chegar à seguinte resposta...

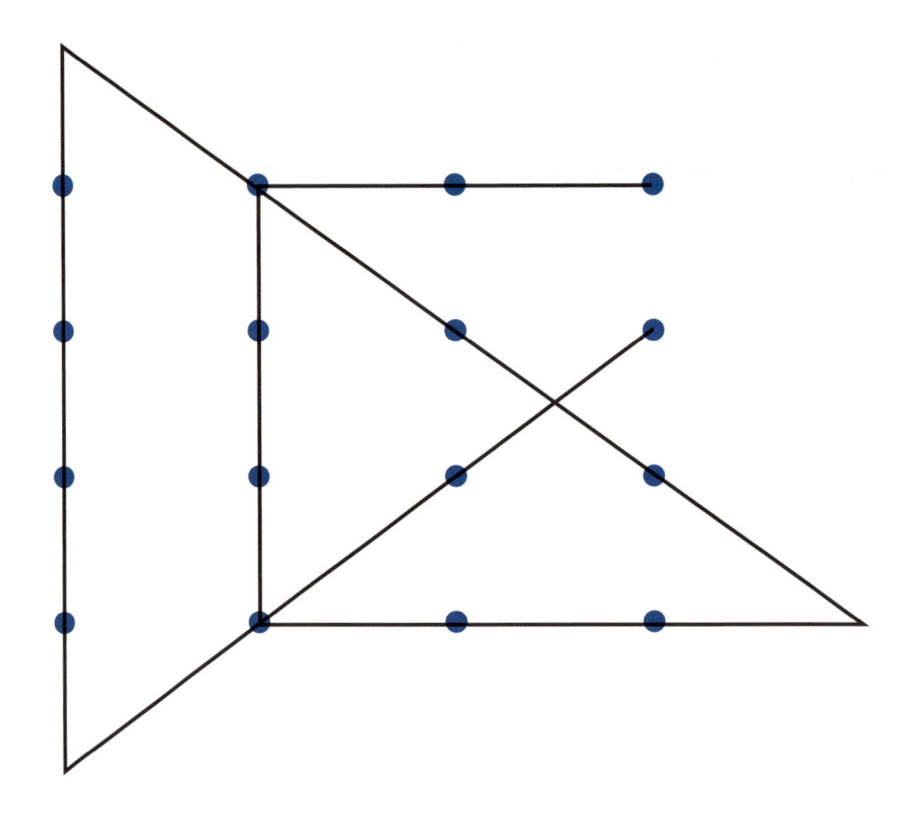

BRILHE 6

g) Vire o livro de "cabeça para baixo" e veja agora o desenho!!! h) No canto direito inferior há uma estrela com duas pontas negras e três brancas. Conseguiu enxergar agora?

BRILHE 7

I) d; II) b; III) b; IV) c; V) a; VI) c; VII) a

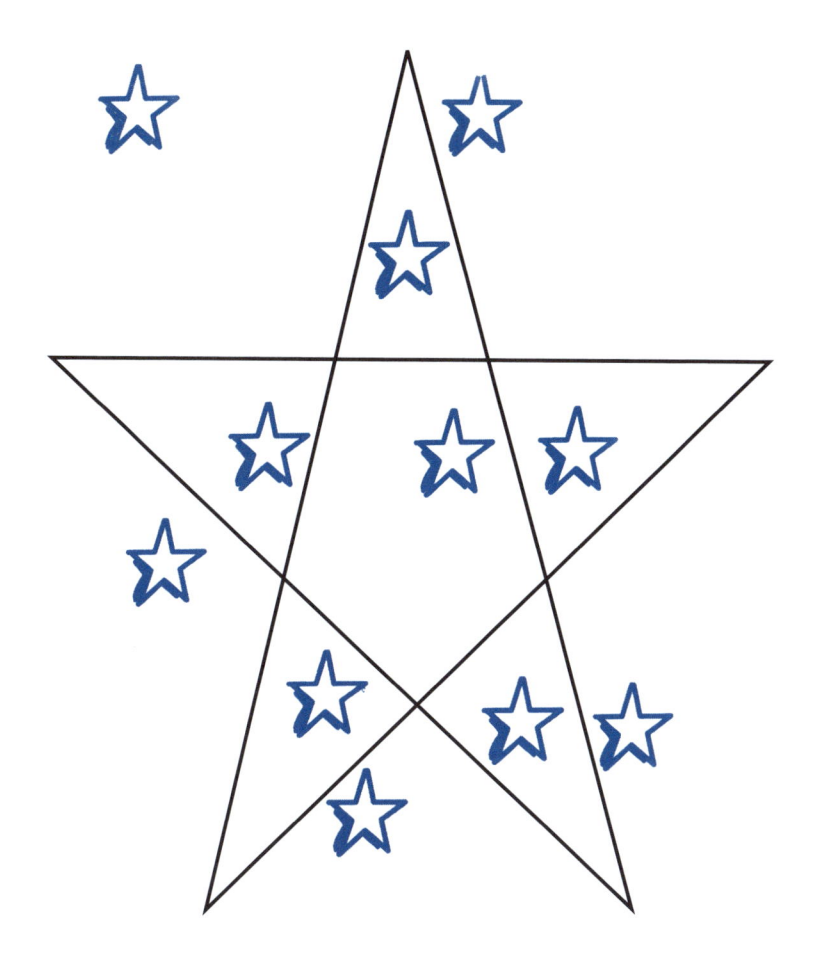

BRILHE 8

BRILHE 9
Veja a seguir duas possíveis soluções:

- 8 + 8 + 8 + 88 + 888 = 1000
- (8888 − 888) / 8 = 1000

Alerta: Dá para achar outras soluções também, viu?

BRILHE 10

A interpretação correta do *Desenhando* é que existe uma mão tridimensional que parece desenhar um pulso bidimensional. Este por sua vez transforma-se numa outra mão tridimensional desenhando o punho da primeira!!! Interessante, não é mesmo? Que tal espantar-se com algumas das 448 litogravuras e xilografias elaboradas por Escher? Aí vão três delas como amostra.

BRILHE 12

a. De 30 a 40 dias.
b. Porque a luz atrai os insetos.
c. É fácil "abusar" da comida e incorrer no pecado da gula.
d. Muito oxigênio apaga a vela, mas não o fogo da churrasqueira, onde acaba se tornando um carburante.
e. A minhoca é uma "sanfona ambulante", cujo corpo é formado por anéis. Graças ao movimento "estica e puxa" desses anéis o verme consegue deslocar-se na terra.
f. Se você for suficientemente curioso(a) para obter a reposta para outras "questões cabeludas", leia o livro *Dúvida Cruel*, escrito por Iberé Thenório e Mariana Fulfaro.

BRILHE 13

a. Você merece pelo menos um grande elogio se conseguiu descobrir que esses dois grupos são 173 + 4 = 177 e 85 + 92 = 177
b. Os dois números são 6729 e 13458
c. Isto ocorre se a A for sexta-feira e B for segunda-feira, não é? Você acha que foi enganado(a)?

BRILHE 14

BRILHE 17

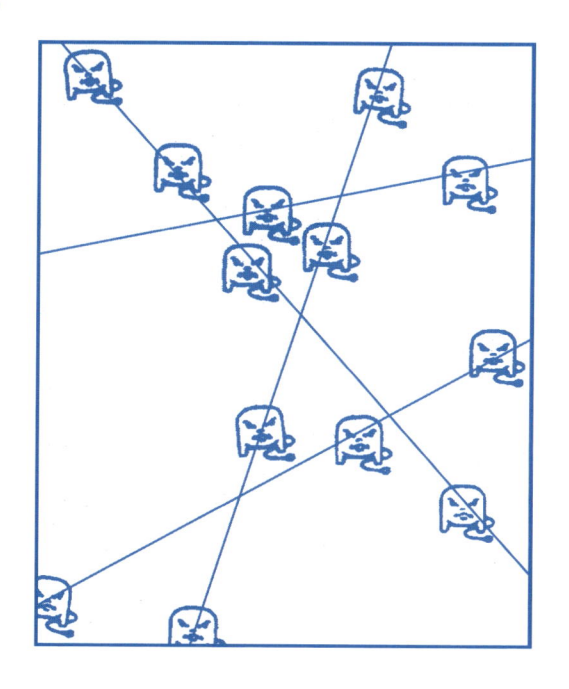

BRILHE 18

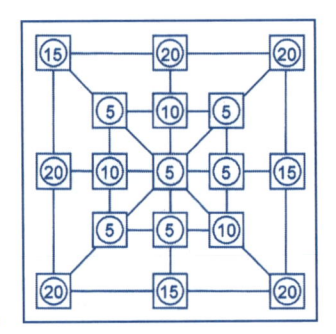

a.

b.
7	2	2	1	1
1	1	7	2	2
2	2	1	1	7
1	7	2	2	1
2	1	1	7	2

c.
2	2	3	3	3
3	3	3	2	2
3	2	2	3	3
2	3	3	3	2
3	3	2	2	3

Você gostou da soma 13? Algumas pessoas têm horror ao número 13, associando-o a "azar". Bobagem! Números nunca são nefastos, exceto quando representam nossas dívidas, não é?

Quem se sentir atraído pela matemática recreacional deve ter alguns livros de Martin Gardner (1914-2010), um notável escritor que publicou mais de 100 livros sobre esse tema, e na espetacular revista *Scientific Marcican* foi responsável durante muitos anos pela coluna *Mathematical Games* (Jogos Matemáticos).

BRILHE 19

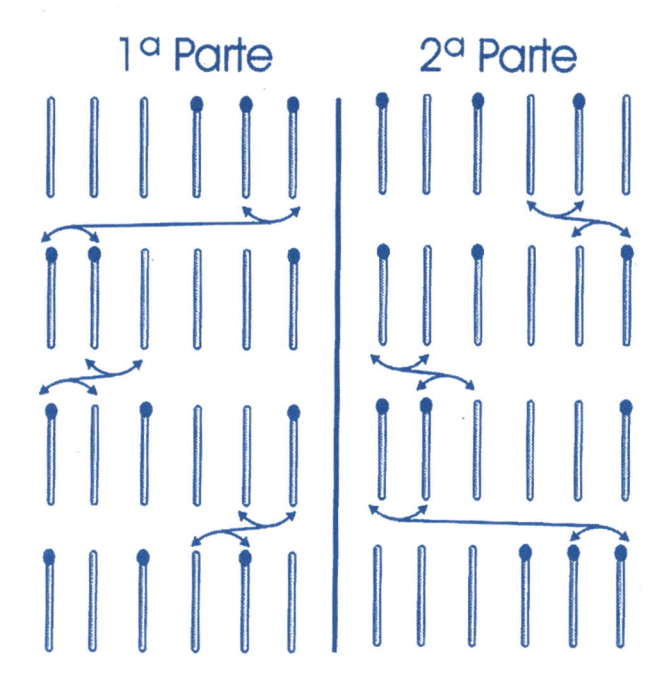

1ª Parte   2ª Parte

BRILHE 20

Este é um exercício clássico para se testar preconcepções. Muitas pessoas têm dificuldade para achar uma solução. Todavia, depois que você testar suas preconcepções, você descobrirá rapidamente que há um número bem grande de respostas! Para resolver este "problema" você deve se perguntar coisas do tipo: "O que é um corte?", "Os cortes devem ser feitos em linha reta?", "Como deve parecer um pedaço de *pizza*?", "O que deve ser usado para cortar a *pizza*?", "Você precisa cortar a *pizza* de cima?" Depois dessas perguntas, poderá pensar em soluções como as apresentadas nos desenhos que vem a seguir.

Outra solução é utilizar uma faca com sete lâminas partindo de um ponto central. Use-a uma única vez e já terá os oito pedaços. Outra ainda é cortar a *pizza* ao meio, colocar uma parte sobre a outra. Repita então a operação mais duas vezes.

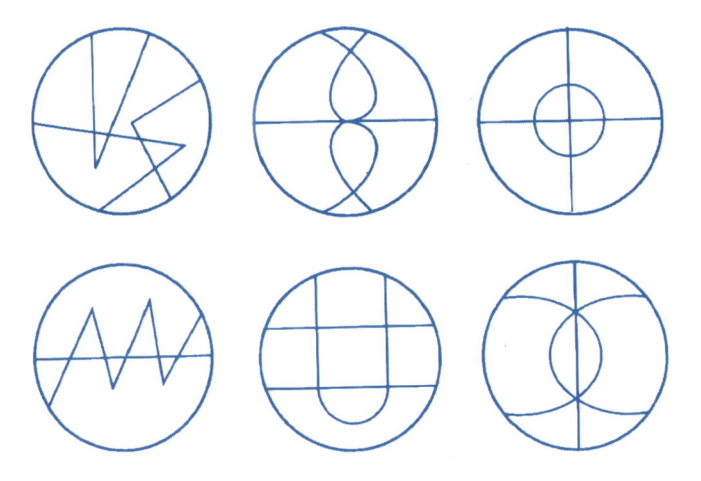

As sugestões apresentadas não devem enlouquecê-lo(a), prezado(a) leitor(a), mas estimulá-lo(a) a jamais contentar-se com o atual *status quo*, que sempre pode ser alterado, principalmente se disser respeito a sua carreira profissional, não é?

BRILHE 21

Inicialmente a pessoa com habilidade matemática percebeu que não existe para o sistema:

$$\begin{cases} x+y = 25 \\ x.y = 120 \end{cases}$$

uma solução com números inteiros, o que decorre da equação:

$x^2 -25x + 120 = 0$.

Mas existem várias trincas de números inteiros que satisfazem as condições:

$$\begin{cases} x.y = 120 \\ y+z = 25 \end{cases}$$

conforme demonstrado na lista abaixo, com várias soluções:

x	y	z
120	1	24
60	2	23
40	3	22
30	**4**	**21**
24	5	20
20	6	19
15	8	17
12	10	15
Etc.		

Como o número escrito no papel dele era **30**, ele **parou** de procurar outras trincas (que existem...), pois ficou evidente que os outros dois números só poderiam ser **4** e **21**!!!

BRILHE 22

Aí vão algumas possíveis justificativas ou respostas convincentes, mas claro que há outras...

a. Economizar o dinheiro dos encontros; não se sentir mais policiado(a); não brigar mais; encontrar um novo(a) namorado(a) etc.

b. Diminuir os custos de oficina e optar por um outro tipo de transporte; investir em um carro novo com o dinheiro recebido do seguro; caso tenha se machucado no acidente (mas não demais...) passará a ser o centro de cuidados por parte dos que gostam de você; de agora em diante vai valorizar mais importância do seguro e aprender que não se deve fazer altos condenáveis etc.

c. Não precisará gastar dinheiro com presentes; perderá menos tempo em compromissos sociais; terá mais tempo para se dedicar aos seus passatempos favoritos; não adquirirá os maus hábitos de outras pessoas etc.

BRILHE 23

Trata-se de algumas espécies de ostras que quando são atacadas por algum parasita ou a presença de um "invasor" dentro da concha como um grão de areia, desencadeiam um incrível processo de defesa!!!

Na parte interna da concha existe uma substância lustrosa chamada **nácar** (madrepérola) e quando um grão de areia entra na mesma ferindo a ostra, as células de nácar começam a trabalhar e cobrir esse grão com camadas para proteger seu corpo indefeso. Como resultado, uma linda pérola vai se formando ali no interior da concha. A conclusão é clara: uma ostra que jamais foi ferida nunca produzirá uma pérola, que nada mais é que uma "ferida cicatrizada"!!!

É possível tirar disso uma boa lição. Você já se sentiu ferido com as palavras grosseiras de alguém. Certamente isso já aconteceu muitas vezes, não é?

- Você já foi acusado de dizer algo que não disse?
- Suas ideias já foram rejeitadas bruscamente ou mal interpretadas?
- Já sentiu duros golpes de preconceito?
- Etc.

Se isso aconteceu, aprenda a cobrir sempre as suas mágoas com camadas de perdão ou amor, deixando de lado os ressentimentos. Caso contrário, viverá rancoroso como uma "ostra vazia", e não porque não tenha sido ferido, mas porque não soube compreender e transformar a **dor** e **intensa insatisfação** num alento para continuar sua jornada evolutiva e demonstrar resiliência, o que o levará a "criar muitas pérolas" na sua vida!!!

Como se dá para observar nessa ilustração, no decorrer dos meus 81 anos precisei me adaptar a muitas mudanças, tendo aprendido que para progredir é vital saber enfrentar e sobreviver num ambiente desafiador.